L'abbé Jules MARTIN

LA
DÉMONSTRATION PHILOSOPHIQUE

PARIS

P. LETHIELLEUX, LIBRAIRE-ÉDITEUR

10, RUE CASSETTE, 10

DÉMONSTRATION

PHILOSOPHIQUE

LA
DÉMONSTRATION
PHILOSOPHIQUE

PARIS

P. LETHIELLEUX, LIBRAIRE-ÉDITEUR

10, RUE CASSETTE, 10

PRÉFACE

Ce livre n'est qu'une histoire. Il raconte la manière dont l'esprit humain prend conscience d'une doctrine spéculative complète; en d'autres termes, il montre dans toute exposition doctrinale, l'identité toujours persistante de la preuve et de la conclusion, des principes et des théories qui se rattachent aux principes; il explique ensuite la séparation absolue entre la spéculation proprement dite, et la science, car la science n'a jamais le caractère d'une conception intellectuelle. Tout cela, en somme, constitue un seul fait dont voici l'expression : une philosophie se ramène à une conception intellectuelle indivisible, laquelle, vraie ou fausse, subsiste en elle-même, inaccessible à la science.

Suivent deux autres faits très importants;

ils n'ont, ni l'un, ni l'autre, rien de nécessaire ; mais leur certitude exclut toute discussion.

L'un de ces deux faits est l'illusion si commune, par suite de laquelle un philosophe procède comme s'il avait deux intelligences ou deux activités intellectuelles, et que, l'une lui ayant servi à percevoir sa doctrine, il eût la ressource d'employer l'autre à contrôler cette même doctrine, mais à la contrôler avec désintéressement et avec autorité.

Enfin, le troisième fait est celui-ci : la force de la conception, beaucoup plus encore que la justesse et que la vérité du raisonnement, atteint les esprits et réussit à exercer une influence doctrinale.

Voilà, en quelques mots, l'histoire que ce livre éclaircit et qu'il expose en détail. Il faudra, en le lisant, n'y voir pas autre chose que l'histoire annoncée. Cette histoire a, par elle-même, une grande importance. Il est vrai qu'au fond elle ne diffère pas d'une logique formelle, car elle raconte simplement une série d'opérations ; il est vrai encore qu'elle n'a pas une signification doctrinale réellement supérieure à celle d'une logique formelle. Mais elle nous touche de plus près.

Il nous importe, en effet, de savoir l'identité essentielle de toutes les parties d'un système philosophique, la nullité doctrinale de la science, l'impossibilité pour un philosophe d'être désintéressé sur la doctrine qu'il juge, et les conditions compliquées, mystérieuses, selon lesquelles les convictions doctrinales se produisent ou se transforment.

Cette histoire sera facilement comprise, pourvu que l'on ne cherche pas dans le livre qui la raconte, ce qu'il n'a pas dû contenir : c'est-à-dire, une théorie fondamentale sur la valeur de l'intelligence, et sur la possibilité d'arriver au vrai.

Le livre ne touche aucun de ces deux points; il reste, jusqu'au bout, essentiellement narratif. Si donc parfois, en présence d'une constatation pourtant irrécusable, le lecteur se surprenait à désirer que la réalité pût être autre, il aurait alors à se souvenir que nos désirs ne changent pas la réalité, et que, s'ils nous empêchaient de la voir froidement, ils seraient pour nous une cause de faiblesse.

CHAPITRE PREMIER

LA
DÉMONSTRATION PHILOSOPHIQUE

LA
DÉMONSTRATION PHILOSOPHIQUE

CHAPITRE PREMIER
LA DÉMONSTRATION PHILOSOPHIQUE

Entre *Démonstration philosophique* et *Système*, ou, selon le cas, *Métaphysique*, il n'y a aucune différence réelle. Mais *Démonstration philosophique* indique plutôt la force par laquelle un système tend à s'imposer.

Il s'agit uniquement, dans ce chapitre, de raconter la constitution nécessaire, ou la structure nécessaire de tout système spéculatif. Il n'y sera donc question que de la connaissance spéculative considérée au moment de son développement complet. C'est dire qu'il ne faut rien chercher ici, sur les autres modes de connaissance, ni sur l'effort bien mystérieux que tout philosophe accomplit avant d'arriver à la pleine possession de sa doctrine.

I

Définition de la démonstration philosophique. — Dans un système, toutes les parties se soutiennent, et chacune d'elles suppose toutes les autres.

La démonstration philosophique se définit : l'exposé doctrinal qui traduit et qui montre comme intelligible, une conception totale de l'univers. On pourrait également la définir : un corps de principes et de raisonnements disposés en vue d'une doctrine principale.

Dans cet exposé doctrinal, chaque partie suppose toutes les autres. Ce qu'on nomme la démonstration d'un système purement doctrinal ou spéculatif, se confond avec le système lui-même.

Voilà le fait, tel que, nécessairement, il se

produit partout. Fénelon écrivait à propos de Spinoza : « Dès qu'on entame le système de Spinoza par quelque endroit, on rompt toute sa prétendue chaîne (1). » Fénelon avait raison uniquement sur ce point, à savoir que dans le système de Spinoza tout se tient, et que la ruine d'une partie entraîne celle de toutes les autres. Mais il n'avait pas raison de signaler cela comme un défaut, ni comme une singularité ; car cette absolue dépendance mutuelle, on la rencontre dans toute exposition doctrinale complète. Il est certain que, dans l'*Éthique*, tout dépend d'une notion fondamentale qui est l'unité de substance ; il suffit de n'admettre pas cette notion, et dès lors l'*Éthique* n'offre plus rien de solide. Mais il est certain, au même degré, que le *Traité de l'existence de Dieu* se résume dans la notion du Dieu parfait, créateur et libre. Quiconque rejette cette notion

(1) *Lettres sur différents sujets de métaphysique et de religion*, V^e lettre, n° 1. *Œuvres complètes*, éd. Gaume, t. I. p. 129.

parlera de ce traité comme Fénelon parlait de
l'*Éthique*.

Et il ne s'agit pas ici de savoir si l'on a
tort ou raison de rejeter, soit l'unité de substance, soit la création libre et la perfection
divine. Il n'y a qu'un fait à constater, et ce fait
c'est que les preuves doctrinales, vraies ou fausses, se confondent avec la doctrine elle-même.
Entreprendre, à la manière de Fénelon, de
prouver l'existence de Dieu, ou, à la manière
de Spinoza, l'unité de substance, c'est montrer
d'abord, sous forme de preuve, ce que l'on
montrera ensuite, sous forme de conclusion.

En effet, tout système se ramène à une conception essentielle, de laquelle dépendent toutes
les considérations qui, sous le nom de preuves
ou sous un nom différent, servent à faire comprendre le système, passent pour le justifier, et
le justifient dans la seule mesure possible. Si,
par exemple, Descartes avait été d'abord panthéiste ou athée, il aurait considéré comme

objections ou comme paralogismes, les preuves qu'il donne de l'existence de Dieu. Si Spinoza n'avait cru d'abord l'unité de substance, il n'aurait pas arrangé avec une rigueur géométrique un système qui démontre l'unité de substance, en la prenant pour principe. Leibnitz juge la valeur de tout raisonnement par le rapport du raisonnement avec le principe de l'optimisme. Il réfute par l'absurde l'objection qu'on lui fait, se reconnaissant impuissant à la rejeter par des raisons directes, et ne pouvant rien dire contre elle, sinon qu'il la faut rejeter, puisqu'elle ruine l'optimisme (1). La *Critique de la raison pure*, considérée comme un système général de connaissance, a pour principe, sous ce rapport, la proposition suivante : *Toute conception totale de l'univers, si claire et si constante qu'on la suppose, est une illusion, parce que nous ne savons rien de la vérité en soi.* En lisant la *Critique de la rai-*

(1) *Théodicée*, 1ʳᵉ part., n° 9, et surtout n° 10; cf, n° 125.

son pure, on voit Kant prendre toujours ce principe pour règle de sa pensée. Enfin le vaste système de M. Spencer ne démontre pas, par des preuves qui auraient leur valeur propre, l'évolution telle que M. Spencer veut l'entendre. Mais c'est précisément l'évolution, prise pour principe, qui conduit l'auteur à la présenter comme conséquence de faits faciles à interpréter dans un sens tout autre.

Pour mieux se rendre compte de cette dépendance mutuelle entre la doctrine et les principes qui la démontrent, on fera bien de supposer que l'on a devant les yeux, sous forme de tableaux très précis, la philosophie de saint Thomas, la philosophie de Spinoza, la philosophie de Kant, la philosophie de Schopenhauer. On se trouvera en présence de doctrines bien différentes. Or, les preuves qui, dans le tableau de philosophie thomiste, appuient le principe fondamental, ne paraissent pas du tout dans le tableau formé par la philosophie de

Spinoza. Le tableau de philosophie kantienne porte encore autre chose, puis le tableau de philosophie selon Schopenhauer a aussi son contenu particulier. Il est bien certain que, mises après coup dans le tableau de philosophie selon Spinoza, ou selon Kant, ou selon Schopenhauer, les preuves alléguées par saint Thomas y deviendraient ou des objections à résoudre, ou des illusions à redresser, ou des propositions dépourvues de signification sérieuse. Pour leur rendre leur signification et leur force, il faudrait d'abord ne voir dans les tableaux de philosophie selon Spinoza, selon Kant et selon Schopenhauer, que l'expressison de l'erreur. Mais on ne voit jamais l'illusion contenue dans le tableau de philosophie kantienne, à moins de rejeter le principe sur la relativité de la connaissance : de même on ne verra jamais l'illusion d'une doctrine, sans apercevoir cette doctrine condensée tout entière en un principe que l'on rejette.

Et l'importance souveraine de ce principe fondamental éclate avec une manifeste nécessité. De lui seul dépend le rôle des considérations alléguées en preuve. Les mêmes considérations dans deux exposés de philosophies contraires seront, tour à tour, preuves et objections. Mais, d'ailleurs, ce principe fondamental ne se pose pas comme un axiome; il s'appuie, ou, du moins, il a l'air de s'appuyer sur des preuves, et à leur tour les preuves ne valent que par leur rapport avec le principe dont elles sont censées garantir la valeur; donc, la démonstration philosophique est un cercle.

II

La démonstration philosophique est un cercle. — Il faut
nécessairement, pour exprimer une doctrine spéculative, répéter, en diverses manières, la même pensée.
— Exemples se rapportant à la proposition et au syllogisme. — Le syllogisme et le cercle ont même structure; ils différent par la conception qu'ils expriment.

Réellement une démonstration n'est jamais
qu'un cercle. Il faut le voir, et ne pas redouter
que les sceptiques en triomphent. Mais il faut
s'appliquer à le voir bien. Sans doute, dans la
logique le mot *cercle* sonne mal et à bon droit,
car il y désigne une opération intellectuelle
illusoire, c'est-à-dire l'affirmation gratuite,
l'affirmation aveugle, deux fois répétée, mais
répétée de la même manière, bien qu'avec des
syllabes différentes. Pour s'assurer, par exemple, que le vol est défendu, on doit, n'importe

comment, apercevoir dans le vol le caractère d'acte défendu. Si on ne cherche pas à constater ce caractère, si on suppose ne rien savoir sur l'injustice du vol, si on raisonne enfin de cette manière : *le vol étant injuste, on a tort de voler; et, puisqu'on a tort de voler, le vol est injuste,* on a fort mal raisonné; on s'est contenté d'affirmer deux fois gratuitement l'injustice du vol : 1° lorsqu'on a dit : *le vol étant injuste;* 2° lorsqu'on a conclu : *on a tort de voler.* Mais, bien qu'il soit possible de donner autre chose qu'une série d'affirmations aveugles, on n'ôtera cependant jamais au raisonnement le plus légitime la disposition réellement circulaire ; c'est-à-dire, on ne réussira jamais à former un raisonnement qui se composerait de parties réellement distinctes, et dont l'une serait la garantie réelle de l'autre.

La cause de cela, c'est que toute expression de notre pensée est uniquement une répétition. Et, en effet, que nous énoncions une seule proposition, un seul syllogisme, ou une longue série de propositions ou de syllogismes, nous exprimons, dans ces diverses circonstances, une pensée unique. Tout notre effort a tendu à l'exprimer avec la plus grande clarté et avec la plus grande force.

Ainsi, la proposition est toujours une identité. Il est vrai que l'usage n'attribue pas ce nom à toutes les propositions. Dites : *l'aumône est l'aumône*, voilà proprement ce que l'on nomme identité ; mais, enfin, formez une proposition ayant pour sujet *aumône*, et ajoutez n'importe quel attribut : n'est-il pas vrai que si l'attribut exprime une notion réellement différente de l'aumône, il n'y a plus qu'un énoncé absurde ?

Personne ne songe à dire : *L'aumône est l'aumône*, parce que, lorsqu'on se formule sa pensée, on exclut naturellement les répétitions inutiles. On cherche à voir plus clair. On a une certaine conception que le sujet exprime, et on veut avoir une seconde fois, avec plus de clarté, la même conception : c'est l'attribut qui représentera cette même conception devenue plus claire.

Les propositions ridicules, dues à la distraction, ou à la sottise, ou à la recherche de la bouffonnerie, ont pour caractère propre de répéter dans l'attribut, et avec le même degré de clarté, la conception exprimée déjà par le sujet. Par exemple : *des parties constantes plus nombreuses forment un total plus considérable,* voilà une proposition dont le ridicule provient de ce que « parties constantes plus nombreuses » et « total plus considérable » expriment pour nous, avec un même degré de clarté, la même conception. Au contraire, nous jugeons fort sérieuse cette phrase de Descartes : « Dieu n'a pas voulu que je fusse déçu de la sorte, car il est dit souverainement bon (1). » Or, cette phrase équivaut exactement à la proposition :

(1) Première Méditation.

Dieu souverainement bon est véridique, mais il y a autant d'identité entre *Dieu souverainement bon* et *Dieu véridique*, qu'il y en peut avoir entre *parties constantes plus nombreuses* et *total plus considérable*. Pourtant la phrase de Descartes et la proposition en laquelle on peut fort bien la traduire sont l'une et l'autre fort sérieuses et fort sensées; c'est que, pour nous, *Dieu bon* ne dit pas, avec le même degré de clarté, ce que nous cherchons à exprimer par les deux mots *Dieu véridique*. Mais, au fond, *Dieu bon* et *Dieu véridique* s'appellent l'un l'autre, se confondent l'un avec l'autre. En définitive, ils expriment avec des degrés de clarté différents, la même notion de perfection divine.

C'est, sans doute, pour n'avoir pas vu assez cette identité fondamentale du sujet et de l'attribut, qu'Aristote, et, après lui, l'École ont fait si grand mystère de la conversion des propositions. En fait, une seule règle contient toutes celles qu'on a jamais formulées ; cette règle la voici : pour mettre convenablement l'attribut à la place du sujet, il faut d'abord comprendre le sens réel de l'attribut, et voir en quelle manière, dans telle proposition donnée, attribut et sujet expriment la même notion.

La nécessité de se répéter, qui fait de toute proposition une identité, fait aussi de tout syllogisme un cercle. Soit le syllogisme : *Il faut éviter toute action injuste; or, le vol est une action injuste; donc...*

Il est évident qu'en prononçant la majeure on avait déjà dans l'esprit la mineure avec la conclusion. Et parce qu'on savait déjà l'injustice du vol, on prononçait la majeure, qui ressemble à un principe primitif, isolé, stable par lui-même.

Or, la majeure n'est pas isolée, elle ne subsiste pas par elle-même. Pour savoir, en effet, qu'il faut éviter toute action injuste, on doit savoir, auparavant, que le vol, action injuste, est, à ce titre, une action qu'il faut éviter. Mais, dès lors, la majeure exprime simplement, ou mieux, elle résume le total des mineures possibles.

Au contraire, ignore-t-on l'injustice du vol, il devient, par là même, inutile de prononcer que toute action injuste doit être évitée ; car, ainsi présentée sans liaison possible avec le vol dont on est censé ignorer l'injustice, la majeure n'a pas plus de rapport avec la question du vol que n'en pourrait avoir l'énoncé d'un théorème de géométrie.

D'ailleurs la même majeure formulée dans les mêmes termes, mais considérée comme une notion purement abstraite, aurait encore un sens réel. Ceci est un fait qui ne contredit en rien les remarques précédentes. Il est bien clair, en effet, que la même proposition peut signifier : *il faut éviter toutes les actions injustes;* or, prise en ce sens, elle résume, comme on l'a fait observer, ce qui est su déjà de chaque action injuste; mais elle peut aussi signifier : *on doit vouloir selon la justice.* Elle est alors une vérité incontestable, et, si l'on y prend garde, une identité.

Remarquons enfin que, sous cette forme plus abstraite, la même proposition pourrait encore servir de majeure à un syllogisme sur le vol. Elle le pourrait, à la condition de signifier, comme dans le premier cas, qu'il faut éviter toutes les actions injustes.

D'ailleurs, à propos du syllogisme allégué en exemple, il reste à dire encore quelque chose de plus essentiel. En effet, la majeure de ce syllogisme n'est proprement, ni un prin-principe isolé, ni la somme de toutes les mineures possibles. Les cas où l'on a une somme sont bien différents. Dire, par exemple, *tous les habitants de l'Afrique intérieure sont noirs,* c'est simplement énoncer une somme de notions acquises; ou mieux, c'est raconter, sous forme de proposition générale, l'histoire suivante : on a constaté que chaque habitant de l'Afrique intérieure a la peau noire. Or, dans une histoire de cette sorte il n'y a de connu que chaque détail particulier, vu dans son isolement. Mais, au contraire, quand on sait de telle action injuste qu'à ce titre elle doit être évitée, on connaît autre chose que cette action particulière ; on perçoit cette action autrement que l'on ne perçoit la couleur de tel homme habitant tel pays. Aussi, dans le syllogisme sur le vol, la majeure et la mineure manifestent-elles, l'une autant que l'autre, la même connaissance d'un certain absolu, et le même jugement sur l'injustice. Elles sont plus que dépendantes l'une de l'autre ; elles sont identiques ; c'est leur identité nécessaire qui fait du syllogisme un cercle.

On constaterait une identité analogue dans tous les exemples possibles. Car enfin, le rapport entre les diverses parties du syllogisme reste toujours le même, quelle que soit la nécessité ou l'utilité du raisonnement choisi. Voici, d'ailleurs, un exemple de raisonnement bien sérieux. Bossuet dit en un mot : « Qu'il y ait un seul moment où rien ne soit, éternellement rien ne sera (1). » On aperçoit d'abord, dans cette courte proposition, l'identité des deux parties. Il suffit, en effet, de bien comprendre la force de ces mots : *un seul moment où rien ne soit,* pour s'apercevoir sur-le-champ qu'ils veulent dire : *éternellement rien ne sera.* Or, saint Thomas présente la même pensée que Bossuet, au moyen de ce raisonnement : « Certaines choses peuvent être ou n'être pas. Or, il est impossible que toutes les choses de cette sorte existent toujours ; car ce qui peut ne pas être se trouve parfois n'être pas. Si donc toutes choses peuvent n'être pas, il y eut un moment où rien ne fut dans l'univers. Mais si cela est vrai, il n'y aurait rien non plus

____

(1) *Connaissance de Dieu,* chap. iv, n° 4.

maintenant ; car ce qui n'est pas ne commence d'être que par ce qui est (1). » D'abord, ce seul énoncé : *certaines choses peuvent être, ou n'être pas,* par cela même qu'il rend possible ce qui va suivre, le contient en réalité. Et certes, il n'y aurait qu'à dire de cet énoncé ce que Fénelon dit de telle ou telle proposition de Spinoza, et toute la doctrine de saint Thomas serait aussitôt rejetée. En outre, les propositions qui suivent sont chacune une identité, et (ce qu'il importe uniquement de remarquer) elles entrent toutes l'une dans l'autre. Lorsque, en effet, saint Thomas déclare impossible que *toutes les choses* (qui peuvent être ou n'être pas) *existent toujours,* il pense déjà que quelque chose de contingent existe, et qu'il faut donc assigner à ce contingent une cause nécessaire et absolue. En sorte que tout ce raisonnement de saint Thomas est une manière plus développée, plus claire et plus explicite,

(1) *Sum. theol.,* I*re* part., quest. II, art. III in corp. *art.*

de se représenter ceci : le monde dont nous faisons partie est une réalité contingente. Le mot *réalité contingente,* compris comme saint Thomas le comprend, contient tout. Mais dans l'esprit de saint Thomas, le contingent exige le nécessaire. Aussi, à tout prendre, le raisonnement de sain. Thomas n'est que l'expression plus complète et plus convenable de ce principe : l'être nécessaire existe.

Réellement, le syllogisme, à le bien comprendre, n'expose jamais qu'une seule notion intellectuelle ; il la traduit avec la plus grande exactitude possible. Chaque partie du syllogisme exprime, comme il convient, cette notion unique. Ce serait un défaut dans un syllogisme si toutes les parties ne se supposaient pas, comme celles du cercle. Le syllogisme doit se réduire à une affirmation, l'affirmation d'une pensée convenablement entendue. C'est ce qu'indiquent les règles formulées au moyen âge. Toute faute contre l'une des huit règles utiles aboutit, soit à un jeu ridicule de syllabes, soit à l'énoncé d'une conclusion que les prémisses ne contenaient pas assez. Tout syllogisme irrégulier est donc un syllogisme dont les diverses parties n'entrent pas suffisamment l'une dans l'autre, ou, en d'autres termes, un syllogisme qui n'exprime pas convenablement une pensée unique. Lorsque plusieurs syllogismes contribuent à une seule démonstration, ils sont nécessairement reliés entre eux ; c'est-à-dire qu'en diverses manières chacun d'entre eux contient tous les autres ; et enfin, tout raisonnement spéculatif, quelles qu'en soient la disposition et l'étendue, se ramène à une seule pensée.

Il en est de même du cercle ; mais le cercle vulgaire se définira : une affirmation aveugle ; et le raisonnement : une perception intellectuelle. La différence entre le cercle et le raisonnement, à peu près nulle pour l'extérieur et pour le rapport mutuel des parties, atteint la substance même de l'acte intérieur. Sans doute, le total des perceptions intellectuelles qui forment tel système peut ne comprendre que des affirmations légitimes : il n'en est pas moins un cercle, mais un cercle de perceptions intellectuelles légitimes. Ce total vaut par lui-même, il ne repose que sur lui-même, il dépend d'un certain principe fondamental auquel il se réduit. Tous les philosophes arriveraient-ils à connaître la vérité, leur système serait encore un cercle. Entre une philosophie vraie et une philosophie fausse, il n'existe d'autre différence que celle de l'intellection vraie et celle de l'intellection illusoire. Mais il y a dans les deux philosophies la même dépendance mutuelle des parties, la même disposition, et, sous ce rapport, le même cercle.

III

Un système complet se réduit à une pensée unique. — Toutes nos pensées spéculatives ne sont jamais qu'une
seule pensée. — Deux preuves de ce fait : 1° la manière
dont les enfants arrivent à comprendre; 2° la nécessité
et les résultats de la réflexion. — Nouvelle preuve plus
sensible : toutes nos pensées claires sont la reproduction d'une seule pensée confuse indivisible, et infiniment plus vaste. — Importance de cette pensée confuse
pour la formation et pour les variations des langues.

L'exposition complète d'un système n'est
qu'une longue insistance à répéter en diverses
matières, d'ailleurs très utiles, la même conception. Il faut maintenant montrer la raison
essentielle, pour laquelle il n'en peut être autrement. On arrivera, par là même, à faire bien
connaître la vraie notion de la démonstration
philosophique.

Cette raison essentielle c'est, en un mot, l'unité de toutes nos pensées spéculatives. Dès lors, pour se rendre compte de la démonstration philosophique il s'agit de bien voir que toutes nos pensées spéculatives ne sont réellement qu'une seule pensée, dont nous prenons conscience en diverses manières. La multiplicité de perceptions ne pourrait avoir lieu qu'à propos de la connaissance sensible et de la connaissance où tout dépend de l'observation extérieure et de la mémoire. Mais il n'est question ici, ni de l'histoire ni de la connaissance du monde extérieur.

Ceci posé, essayons d'examiner notre mode de connaissance : cet examen fera d'abord constater que nous pensons une seule pensée indivisible.

Mais il sera impossible de s'arrêter là. On verra aussi que cette pensée indivisible contient tout et que nous l'avons toujours possédée ; en sorte qu'il faudrait définir l'intelligence humaine la force qui pense toujours très confusément toute la science spéculative, indivisible en son fond.

Et, en effet, par un examen irrécusable, on s'assurera qu'en nous toute pensée claire et toute série de pensées claires sur un sujet quelconque sont les diverses manifestations d'une certaine pensée confuse, indivisible, complète en son unité, comprenant la doctrine dont il est question, et comprenant même toutes les autres doctrines ; car, ainsi qu'on le verra, dans l'ordre intellectuel, personne n'atteint jamais l'inconnu. Ainsi, on aura conscience qu'apprendre une doctrine, c'est toujours voir en soi-même, avec quelque clarté, la doctrine trop confusément connue jusque-là. Ce sera donc constater que nous pensons une seule idée, et qu'à des degrés divers nous la pensons toujours depuis le premier instant de notre existence. Or, pour le constater, il suffira de s'en tenir à ce que nous savons des enfants et de nous-mêmes.

Sans doute, nous ne savons pas tout le détail, mais nous savons assez l'essentiel.

Un enfant n'apprendrait jamais la langue des siens, si on parlait constamment devant lui sans gestes, sans accent, sans regard, sans aucun mouvement révélateur de la pensée. Le langage réduit à une récitation où pas une syllabe ne se détache n'aurait jamais plus de sens pour lui qu'un bruit monotone. Pour enseigner l'enfant, il faut ce que l'on nomme le langage des signes, accompagné du langage articulé. Or, ce fait bien vulgaire implique deux manifestations simultanées de la pensée, savoir : la manifestation par le signe, ou manifestation confuse de la pensée en son unité indivisible, et la manifestation par le langage, ou manifestation morcelée et déterminée. En s'adressant à l'enfant, on prend, sans le savoir, une attitude, une inflexion de voix, une physionomie qui, par leur accord, expriment tout ce qu'on veut dire, mais qui l'expriment dans son unité et avec peu de détermination. A son tour, le langage articulé manifeste la pensée mieux déterminée, mais distribuée en plusieurs parties. Il est bien clair qu'ici les signes et le langage traduisent diversement la même pensée.

On manifeste donc à l'enfant une pensée que l'on possède indivisible, mais que l'on morcelle pour en prendre une conscience plus nette, et pour la rendre avec plus de détermination. Par cette double manifestation, la pensée d'autrui exerce sur l'enfant une influence bien singulière : elle éveille en lui une conscience, très faible d'abord, de la même pensée.

Ici, on ne peut entendre cet éveil insensible que de cette manière : l'enfant savait déjà ; et s'il n'avait pas su, il lui aurait été impossible d'apprendre. En effet, s'il n'avait pas su, il n'aurait pas mieux compris le langage des signes que le langage articulé. Cette intelligence toute primitive et toute naturelle du langage des signes est un fait absolument décisif. Le langage des signes, manifestation vivante d'une conscienee, a fait sortir l'enfant de sa torpeur, tandis que le langage articulé, ne manifestant pas directement une conscience, n'atteignait pas l'enfant.

Le langage articulé a dû d'abord accompagner la manifestation vivante, intelligible pour l'enfant, et se montrer identique au fond avec elle. C'est ainsi que, peu à peu, s'est établie dans la conscience de l'enfant la convention nécessaire pour comprendre une langue.

Un autre fait bien connu, c'est que l'enfant arrive de très bonne heure à une conscience certaine, quoique très confuse, du bien absolu. On a commencé par lui montrer que telle manière d'agir est bonne ; on le lui a fait savoir dans beaucoup de circonstances, et toujours par le seul moyen possible, par le langage des signes. Chaque fois, l'enfant a pu percevoir très confusément que tel mode d'action plaît aux autres, les rend heureux, leur procure un sentiment particulier de satisfaction intime ; il a éprouvé, par l'influence des autres, le même sentiment; enfin, sans le savoir ni le vouloir, il a réfléchi sur tous ces modes d'action; il a pu se former ainsi une conception, encore confuse sans doute, du bien absolu ou de l'ordre absolu.

Voilà ce que l'observation constate; mais elle n'aurait pas à le constater, si à l'origine l'enfant ne savait réellement rien. Car enfin, on dit, ou on insinue à l'enfant que telle chose est bonne ; or, si l'enfant est en cet instant dans une ignorance totale du bien, il apprendra peut-être, à la rigueur, que telle action déterminée cause du plaisir et que telle autre action apporte quelque dommage; il apprendra la même chose pour une série quelconque d'actions. Il pourra ainsi posséder une collection de faits, et ce sera tout. Il saura qu'autour de lui l'on désire et l'on approuve telle et telle action. Il ne soupçonnera rien de ce que, pourtant, les enfants savent tous, sur le bien et sur le juste. L'approbation ne signifiera pour lui, qu'un simple contentement. Approuver une action bonne et juste, et être content de la saveur d'un fruit, ce seront deux satisfactions entre lesquelles il ne pourra mettre aucune différence essentielle. Les notions morales n'auront pas pour lui une signification plus profonde que les notions sur les objets extérieurs. Il désignera par le titre de bonnes ou de justes, toute une série d'actions ; et il fera cela de la même manière qu'il désigne par le mot « pierre » toute une série d'objets.

Enfin, l'enfant réfléchit. Or, la réflexion, à quelque degré qu'elle s'exerce, est l'acte par lequel on voit en soi-même. Mais cet acte de vision intérieure fait passer de la connaissance plus confuse à la connaissance moins confuse, ou de la connaissance moins claire à la connaissance plus claire. La réflexion, à proprement parler, ne perçoit rien d'absolument nouveau ; elle ne crée pas ; elle consiste à discerner plus clairement. Elle n'est que l'effort pour s'apercevoir de ce que l'on sait.

Quiconque réfléchit, fait effort pour bien reconnaître en soi-même ce que jusque-là il n'y avait pas vu suffisamment; et lorsque, enfant ou homme fait, on arrive, par la réflexion, à une notion quelconque sur l'absolu, on sort, non pas de l'ignorance proprement dite, mais de la simple impuissance à se rendre compte.

Insistons encore sur la condition des enfants. Tous les enfants entendent le langage des signes, et même ils peuvent arriver à un certain développement, sans percevoir un langage articulé. L'exemple des sourds-muets ne permet pas que l'on en doute. D'ailleurs, des enfants nés sourds et aveugles ne restent pas sans quelque conscience d'eux-mêmes. Certes, pour ceux-là, l'excitation extérieure est bien limitée; elle leur suffit pourtant. Mais les enfants sourds et aveugles, de même que les enfants simplement sourds, n'ont reçu du dehors qu'une pen-

sée confuse, indivisible. Car, celui qui les ins-
truit n'a conscience de sa pensée que selon la
détermination du langage, et eux, ils ignorent,
ils ignoreront toujours cette détermination. A
ceux-là, on transmet moins que l'on ne possède ;
puisqu'on possède la pensée bien claire, et
qu'on la leur transmet dans son total indivisible,
confus. Pourtant, ceux-là aussi réfléchissent ;
ils trouvent en eux-mêmes ce que d'abord ils
n'y voyaient pas. Ils arrivent à des notions qu'on
ne leur a pas transmises ; et ces notions, ils ne
peuvent les percevoir qu'en eux-mêmes ; donc
ils les possédaient à l'origine.

Jusqu'ici, toutes les réflexions qu'il a fallu
faire ont pour objet un état intérieur dont nous
n'avons aucune connaissance directe. Nous
sommes réduits à juger des enfants, à peu près
comme des animaux ; nous n'avons conservé
aucun souvenir de notre première enfance ;
nous ne savons pas, par nous-mêmes, quelle
action l'enfant accomplit. Nous savons seule-

ment que l'enfant perçoit une pensée totale et qu'il réfléchit. Mais, le voudrions-nous, il nous serait impossible de concevoir une réflexion qui s'exerce hors de la propre conscience, ou une réflexion qui saisit au dehors une doctrine absolument extérieure au sujet qui réfléchit. Dès lors, nous savons que l'enfant possède en lui-même une doctrine inaperçue, doctrine illimitée sur laquelle s'exercera sa réflexion; nous savons enfin que l'enseignement ne transmet pas, à proprement parler, une doctrine, mais qu'il fournit l'excitation nécessaire pour que l'enfant perçoive en lui-même la doctrine.

Voici maintenant un fait sur lequel témoigne notre propre conscience : des enfants de huit ans ne peuvent entendre ni la *Cité de Dieu* ou la *Critique de la raison pure*, ni une théorie élevée de mathématiques; ils n'ont pas encore une conscience assez nette, assez déterminée de la science spéculative. Mais qu'ils s'appliquent, qu'ils réfléchissent, qu'ils aperçoivent avec une clarté toujours croissante leur pensée actuelle, et un moment viendra où, étudiant l'œuvre d'un philosophe, ils la trouveront, en quelque manière, dans leur pensée actuelle. Jamais, d'ailleurs, dans l'intervalle, ils n'auront atteint l'inconnu; jamais ils n'auront appris hors d'eux-mêmes. Ils seront parvenus, par un progrès insensible, à développer pour eux-mêmes, ce qu'ils connaissaient confusément. Donc, encore, ils connaissaient confusément une doctrine illimitée.

Enfin, il n'y a plus qu'à raconter notre propre état, celui dont nous avons une conscience immédiate. Voici donc, en un mot, notre état réel :

Tout homme pense, par une intellection confuse, une certaine doctrine réellement indivisible; il la pense aussi, à divers degrés, par des intellections claires, qui la morcellent, mais qui laissent possible une constatation irrécusable de l'unité. Or, cette unité doctrinale est absolue,

on le verra plus tard; en sorte qu'on peut tout
réduire à cette affirmation : tout homme, le
sauvage le plus grossier aussi bien que le plus
sublime philosophe, pense, par un acte très
confus, la science spéculative universelle.

D'abord, il sera facile, pour un nombre infini de circonstances, de vérifier directement que
l'intellection claire morcelle la doctrine. Les
exemples suivants ont une signification décisive.

On lit un livre, on écoute un orateur ; on
oublie toutes les phrases du livre et du discours ;
on a pourtant conservé le souvenir de la doctrine; ce souvenir, tant qu'on ne l'exprime
pas, c'est la pensée confuse de la doctrine
indivisible. Dès qu'on veut préciser ce souvenir, lui donner plus de clarté, on pense la
doctrine avec une détermination nouvelle qui
la morcelle fatalement. Le livre et le discours
présentaient chacun la doctrine avec une détermination que l'on a oubliée ; on n'a gardé qu'un
souvenir séparé de toute détermination; on a

voulu le fixer, on a dû alors le déterminer en quelque manière. Or, avant le travail de détermination, on n'avait que la pensée confuse de la doctrine non divisée. Après la détermination, on est sûr de n'avoir pas altéré la doctrine, parce que, en même temps qu'on la morcelle, pour en prendre une conscience claire, on la pense aussi dans son unité par une intellection confuse.

On veut apprendre une langue étrangère, on se rend dans le pays où elle est parlée; on n'y rencontre personne avec qui on puisse s'entretenir dans une langue que l'on connaît déjà; on finit pourtant par apprendre cette langue inconnue. Mais pour cela, on aura dû, comme les petits enfants, percevoir, dans son unité, signifiée par les signes, une certaine pensée totale, qui, en même temps, était transmise selon la détermination propre à cette langue. Si les étrangers, parmi lesquels on s'est rendu, n'avaient prononcé que des phrases sans doute très sensées, très intelligibles pour eux, mais s'ils les avaient prononcées en automates, on n'aurait jamais appris leur langue. Il s'accomplit d'ailleurs, en pareille circonstance, un nombre infini d'opérations imperceptibles. Aussi, serait-ce une prétention trop naïve que de vouloir raconter complètement la manière dont les enfants apprennent la langue de leur nourrice, et la manière dont un homme fait, se trouvant parmi des étrangers au langage inconnu, communique de plus en plus avec eux, et finit par apprendre leur langue. Il communique, cela suffit. Mais toute sa communication avec eux consiste à leur transmettre, et surtout à recevoir d'eux bien souvent, une certaine pensée confuse, indivisible, identique chez tous les esprits; et, tandis qu'il la reçoit dans son unité confuse, il en perçoit aussi la détermination exprimée par la langue qu'on lui parle.

Le principe, si vulgaire, de ne pas isoler une phrase si on veut la comprendre, signifie, lui

aussi, que, pour avoir la perception convenable de chaque partie, il faut, d'abord, avoir
une certaine perception confuse du total indivisible.

Le fait, non moins vulgaire, de penser la
même doctrine en plusieurs langues signifie
encore la même chose. On veut, par exemple,
traduire une des lettres si singulières et si
contournées de Sénèque. On la lit, on éprouve
ainsi un sentiment ou on perçoit une pensée;
on prend conscience de soi-même, comme faisait Sénèque. Après avoir acquis le tour d'esprit convenable, on arrivera peut-être a bien
traduire la lettre en français; c'est-à-dire,
après avoir eu la conscience latine de même
précision et de même vivacité que l'avait Sénèque, on arrivera à se faire, avec autant
de précision et de vivacité, la conscience
française de la même pensée et du même sentiment. Mais, au moment où la conscience
française du traducteur lui représente le mieux

la pensée subtile et compliquée que la lettre latine manifeste, comment le traducteur se croit-il sûr de penser et de sentir comme Sénèque ? Certes, le traducteur ne peut avoir en même temps la conscience latine et la conscience française; il n'a en ce moment, en fait de conscience claire, qu'une conscience française; mais, outre cette conscience claire, il a aussi la perception confuse qui s'était naguère déterminée en lui selon une perception claire latine, et qui se détermine maintenant selon une perception claire française. Cette perception confuse de la pensée totale que Sénèque a mise dans sa lettre donne au traducteur la certitude qu'en lui, la conscience française s'accorde, au fond, avec la conscience latine, et qu'avec une détermination différente, les deux consciences représentent la même pensée ou le même sentiment, et qu'enfin, la détermination française conserve quelque chose de la détermination latine.

L'unité réelle de toutes nos pensées fait concevoir comment les auteurs de dictionnaires sont condamnés à formuler des définitions dont l'une suppose toujours l'autre. L'unité de la pensée contraint aussi les philosophes à donner un total de définitions, qui, fatalement, aboutissent à un cercle. Par exemple, Aristote définit la démonstration : un exposé propre à produire la science (1) ; et il définit la science : une disposition d'esprit produite par la démonstration (2). Il y a ainsi un cercle manifeste ; mais Aristote aurait eu bien tort de s'en inquiéter ; car, réellement, la *démonstration* se réfère à la *science*, et la *science* à la *démonstration*. Si Aristote s'était fait un devoir d'éviter le cercle nécessaire, il aurait obéi à une illusion trop singulière chez un philosophe. Il aurait, d'ailleurs, réussi à se passer du mot science, dans

____

(1) Ἀπόδειξιν δὲ λέγω συλλογισμὸν ἐπιστημονικόν. (Analyt.) Post., lib. I, cap. 3, n° 4. — Ed. Didot, t. I, p. 122 ; 18.
(2) Ἡ μὲν ἄρα ἐπιστήμη ἐστιν ἕξις ἀποδεικτική. (Moral. Nicomach. — Lib. VI, cap. 3, n° 4 ; t. II, p. 68 ; 13.)

la définition de la démonstration, et du mot démonstration dans la définition de la science, mais il aurait fallu recourir à des périphrases forcées, dans lesquelles, à la place du mot propre, science ou démonstration, il aurait employé des équivalents peu exacts.

Bonald se trompa sur l'origine et sur la nature du langage, parce qu'il méconnut l'unité fondamentale de toute doctrine, et le rôle souverain de la perception très confuse, par laquelle nous percevons toujours la doctrine en son total indivisible. Il croyait que l'origine divine du langage se constate nécessairement : « Ce fait, disait-il, peut, je le crois, devenir absolument évident et être rigoureusement démontré par l'impossibilité physique et morale que l'homme ait pu inventer l'expression de ses idées avant d'avoir aucune idée de leur expression (1) ». « On peut faire à toutes les

(1) *Recherches philosophiques*, chap. 1 : *De la philosophie.* — *Œuvres* (Ed. Leclerc), p. 45.

objections une réponse péremptoire, et trancher la question en soutenant l'impossibilité de l'invention du langage, et, comme dit **J.-J. Rousseau**, la nécessité de la parole, pour établir l'usage de la parole. Ainsi la question tout entière du langage réel ou inventé peut être réduite à la démonstration de l'impossibilité de son invention ; et cette démonstration se trouve dans cette proposition sérieusement méditée : Que l'homme pense sa parole, avant de parler sa pensée ; ou autrement : Que l'homme ne peut parler sa pensée sans penser sa parole (1). »

Mais le dialecte de l'époque où l'on composa la *Cantiléne de sainte Eulalie* devint peu à peu la langue du *Discours sur l'Histoire universelle;* or, avec le principe de Bonald, la transformation et la création d'une langue sont également inconcevables. En effet, pour parler une langue autre que celle du xe siècle, il fallait

(1) *Ibid.*, chap. ii : *De l'origine du langage*, Ib., p. 63.

ne plus penser comme au xe siècle ; et pour ne plus penser comme au xe siècle, il fallait parler une autre langue. Y a-t-il donc ici un mystère ? Nullement. Du xe siècle au xviie, il y a eu un progrès continu dans la manière de déterminer la pensée confuse, toujours complète en son unité. Or, une langue c'est une détermination de la pensée confuse ; en d'autres termes, c'est une manière déterminée de penser et de sentir. Nous ne pouvons pas apercevoir nettement notre pensée sans nous la formuler dans une langue, mais nous pensons confusément notre pensée avant de lui donner aucune formule. Peu à peu, selon que des occasions bien complexes, bien diverses, le permettent, quelque chose de notre pensée et de notre conscience très confuse, se transforme en conscience plus ou moins claire. C'est en cela que consistent toutes les modifications des langues.

Nous n'avons pas ordinairement une conscience claire sans le langage. L'homme n'a-t-il jamais d'autre pensée ou conscience claire que la conscience représentée par une langue? Savons-nous ce qu'il y a de clair dans la conscience des sourds-muets? On apprend à lire aux sourds-muets : que signifie pour eux la lecture ? Certainement elle a un sens; mais nous n'arriverons jamais à savoir de quelle manière un sourd-muet prend conscience de ce principe : le vrai, le bien et l'être sont, au fond, la même chose. Nous n'arriverons pas mieux à savoir comment un homme pense, après avoir perdu la mémoire de tous les mots. On a vu, bien des fois, sans doute, un malade perdre la faculté de se formuler sa pensée à lui-même; pourtant le malade avait quelque conscience de lui-même. Mais après avoir recouvré la faculté du langage intérieur, il n'est plus possible de faire revivre en soi cette sorte de conscience. C'est qu'en effet le mode de perception claire après la guérison, et le mode de perception claire pendant cette maladie, ne peuvent pas coexister en nous.

Quoi qu'il en soit, toute langue est une manière de penser et de sentir.

Mais, à part tout langage articulé, même intérieur, on a la pensée confuse indivisible : dès lors, une langue pourrait se former spontanément, parce que, chez des hommes réduits à leurs seules ressources, la conscience confuse pourrait arriver à un état quelconque de conscience claire. De même, les langues se transforment tous les jours, selon que la conscience claire se transforme. Or, elle a beau se transformer, elle n'exprime jamais toute notre pensée confuse, toute notre conscience confuse de la doctrine illimitée. Aussi, quoi qu'ils fassent, le poète et l'orateur entrevoient-ils toujours quelque chose de meilleur que la forme ou que l'expression trouvée ; aussi, à son tour, le philosophe se voit-il réduit à penser en métaphores ; il faut que réellement sa pensée dépasse l'expression selon laquelle il en a conscience ; il faut que toujours, et sur toutes les questions, il dise, comme saint Augustin, sur la question du temps : « Peu nombreuses sont les choses que nous exprimons proprement; très nombreuses celles dont l'expression propre nous manque; nous faisons pourtant assez connaître notre pensée (1). » Il faut encore que le lecteur dépasse l'expression, et retrouve, malgré les métaphores, la pensée essentielle inexprimable. Enfin, le regret du poète, de l'orateur, du philosophe, ne reste pas toujours stérile. En cherchant la conscience claire de tout leur sentiment ou de toute leur pensée, ils arrivent parfois à une conscience claire, supérieure à celle de tout le monde; ils pensent ou ils sentent clairement, un peu plus que la langue ne l'avait permis jusque-là. Poète, orateur, et philosophe ont alors perfectionné la langue; ils ont trouvé une nouvelle manière déterminée de penser et de sentir. D'ailleurs, les langues se transforment,

(1) Pauca sunt enim quæ proprie loquimur, plura non proprie; sed agnoscitur quid velimus. *Confess.*, lib. XI, cap. 20, n° 26. — Migne, t. I, col. 819.

pour ainsi dire, d'elles-mêmes; car il s'opère chez tous ceux qui parlent une même langue, un travail lent et confus d'imagination ou de sentiment, si bien qu'après une certaine période la langue représente une autre forme d'imagination, elle exprime une autre manière de sentir.

Ces remarques sur l'origine possible et sur la transformation réelle des langues ont une importance particulière. Elles enseignent comment le langage n'est que la série de toutes les perceptions claires. Le langage n'est donc, ni extérieur à la pensée, ni absolument identique avec la pensée. Apprendre une langue nouvelle, ce n'est donc pas acquérir un instrument nouveau, c'est devenir capable de penser ou de sentir avec une détermination nouvelle. Jamais, d'ailleurs, on ne transforme brusquement une langue. Ainsi, l'homme d'une société où l'on ne connaît qu'un dialecte encore très imparfait, s'efforcerait en vain d'arriver à l'état intellectuel d'un philosophe, et de transformer tout à coup, en langue philosophique, le dialecte grossier parlé autour de lui ; les perceptions claires, convenables, lui feraient toujours défaut ; il aurait peut-être un admirable génie naturel ; il n'en prendrait jamais pleine conscience ; à peine pourrait-il dépasser un peu les hommes parmi lesquels les circonstances l'ont placé. Il y a plus encore. Un philosophe parvenu à son plein développement, s'il se mêle à une société assez primitive, s'il en apprend la langue, éprouvera une invincible difficulté à penser en cette langue, car cette langue est une détermination inférieure de la pensée. Or, il est bien clair que si un philosophe s'impose la tâche de se représenter sa pensée selon une détermination inférieure, il se la représentera fort mal. Voilà pourquoi, ni saint Augustin n'aurait pu traduire la *Cité de Dieu* en patois punique, ni saint Thomas la *Somme de théologie*, en français du XIIIe siècle.

Notre langage est l'expression de la conscience que nous prenons de nous-mêmes. Or, comme cette conscience claire ne nous représente notre pensée totale que par fragments, il est inévitable que le langage morcelle notre pensée. D'ailleurs, jusqu'ici la conscience claire n'a pu atteindre, dans l'humanité, un degré de perfection bien élevé; aussi les langues sont-elles bien mal faites. Elles n'ont presque rien d'intellectuel. Et non seulement les métaphores y dominent trop; mais dans les langues les plus avancées, les moyens inévitables d'exposition dissimulent l'unité de la pensée; ils semblent même briser cette unité, en faire plusieurs fragments réels et indépendants. C'est ainsi que les particules : *en effet, car, puisque, donc, ainsi,* etc., sont inévitables puisque seules elles montrent le rapport des diverses parties d'une exposition doctrinale; mais, en même temps, elles sont illusoires, car elles font croire que les diverses parties diffèrent réellement l'une de l'autre.

Donc, toute une série de faits indiscutables témoigne qu'il existe en nous, simultanément, une pensée confuse illimitée, et un grand nombre de perceptions claires qui nous représentent, en la morcelant, la pensée confuse, indivisible en son fond. Mais ces mêmes faits ne suffisent pas encore à montrer que tout homme, sans exception, pense toujours par un acte indivisible très confus, la science spéculative universelle. Un examen plus approfondi va le montrer.

On possédait une philosophie avant de s'en apercevoir. —
Le fait capital dans l'ordre spéculatif est celui-ci : on
n'apprend jamais qu'en voyant en soi-même la doctrine, et lorsqu'on fait une découverte, on n'atteint
pas l'inconnu proprement dit ; on voit mieux ce que
l'on voyait déjà.

C'est dans l'intelligence des philosophes que
la science spéculative arrive à son plus haut
degré de clarté. Or, les philosophes sont très
éloignés de penser tous la même doctrine. Il
semble donc impossible qu'il y ait dans chaque
intelligence humaine une même pensée confuse
de la science spéculative universelle.

Mais, au contraire, malgré la divergence de
leurs doctrines, les philosophes ne font pas
autre chose que de penser diversement cette

science spéculative universelle. En effet, un philosophe voit en lui-même sa doctrine comme un absolu. Il sent en lui une nécessité intérieure de percevoir cet absolu. Son intelligence ne s'exerce, et, bien plus, son intelligence ne se connaît qu'en le contemplant.

Le philosophe qui médite sa doctrine pratique proprement la contemplation intellectuelle. Mais il la pratique encore, quoique d'une autre manière, en étudiant une œuvre philosophique, qui, d'ailleurs, lui paraîtrait remplie d'erreurs. Car enfin, l'étude d'une conception philosophique, même reconnue pour fausse, dès lors qu'elle est une étude sérieuse, produit le sentiment d'entrer en rapport avec l'absolu. C'est ce sentiment que la lecture de l'*Éthique* devait faire éprouver à Malebranche et à Fénelon. Kant, à son tour, en jugeant les doctrines antérieures à la sienne, et en dressant le tableau des antinomies, ne pouvait manquer de reconnaître que d'autres avaient vu l'absolu. Mais il condamnait leur vision comme confuse et incomplète.

C'est qu'en effet les divers systèmes ont beau être incompatibles, ils ont néanmoins un fond identique. Ce fond doctrinal ne saurait être précisé ; mais il est réel; il donne à une œuvre philosophique son caractère. Sans ce fond identique, les systèmes qui se sont succédé et qui se sont contredits n'offriraient rien d'intelligible. Il serait impossible de lire avec intérêt Platon et Aristote, saint Augustin, Spinoza et Kant. Il serait également impossible de faire une histoire de la philosophie, car l'historien ne pourrait rien comprendre dans les philosophies opposées à celle qu'il adopte; et s'il n'en adoptait aucune il serait condamné à les trouver toutes inintelligibles.

On voit dès lors que, malgré les divergences de leurs systèmes, les philosophes peuvent penser une même doctrine spéculative. Il reste à voir que tout homme pense toujours par un

acte très confus, la science spéculative universelle. Voici, sur ce sujet, le fait essentiel et en
même temps décisif :

On n'apprend jamais qu'en voyant en soi-
même la doctrine.

Il a pu se faire que l'acte propre d'apprendre
ait été précédé de beaucoup de perceptions
confuses ; il a pu se faire aussi que l'on soit
arrivé insensiblement à savoir, et qu'il n'y ait
pas eu un acte propre d'apprendre. Mais enfin,
aussi souvent que l'on a conscience d'accomplir
un acte d'apprendre, on a aussi conscience d'a-
percevoir en soi-même la doctrine que l'on possédait inaperçue ; et, là où l'acte d'apprendre
se compose d'un nombre inconnu d'actes in-
saisissables, au moins a-t-on un jour la conscience de savoir. Or, savoir ce n'est que penser
assez clairement une doctrine que l'on a conscience de percevoir en soi-même.

Cette doctrine, on la possède dès l'origine,
car on n'a jamais eu conscience de recevoir du

dehors, de percevoir au dehors une perception doctrinale ; et on la possède indivisible, car la perception doctrinale dont on a quelque conscience se rattache à toutes les perceptions doctrinales que l'on a eues déjà distinctement ; et, de plus, le jour où l'on acquerra une nouvelle perception doctrinale, on la verra encore ne faisant qu'un seul tout avec les précédentes.

Seulement, entre toutes les perceptions doctrinales, il existe pour nous un ordre inégalement déterminé. Nous savons qu'en nous les perceptions philosophiques arrivent à un certain degré de clarté, sans que nous soyons astreints à les acquérir dans un ordre immuable. Mais les perceptions mathématiques se développent, pour nous, dans un ordre suivi, très rigoureux, absolument fixé.

C'est ainsi que, pour connaître intellectuellement la théorie sur le développement des puissances d'un binôme, il faut, à la fois, posséder la connaissance claire des théories plus simples pour nous, et la posséder de telle manière qu'elle contienne aussi la théorie du dévelopement cherché. Si même un homme étranger aux mathématiques arrivait, par impossible, à comprendre en un instant cette théorie, il devrait au même instant comprendre les autres théories qui précèdent. Car, en lui, la rapidité de la perception aurait bien pu exclure le successif ; mais la perception elle-même consisterait pour lui, comme pour tout le monde, à connaître clairement une mathématique indivisible en son fond ; et lorsqu'il penserait expressément le développement des puissances, il devrait aussi, comme tout le monde, penser par un acte confus indivisible, toutes les théories préliminaires. Sans cela il ne connaîtrait pas intellectuellement le développement des puissances ; il en saurait la formule par cœur, il aurait appris une recette pour disposer des nombres.

De là il suit que, plus une théorie est clairement connue, mieux elle contient une doctrine totale indivisible. Par exemple, voir en mathématicien vulgaire le développement des puissances d'un binôme, ce n'est que posséder, dans leur unité réelle inaperçue, les théories préliminaires; le voir en homme d'esprit supérieur, c'est posséder, dans son unité réelle, toute une science mathématique bien plus vaste. Un mathématicien vulgaire, en effet, pense seulement les doctrines qu'on lui a suggérées, et il les pense au degré de clarté avec lequel on les lui a suggérées; mais un esprit supérieur atteint un nouveau degré de pensée claire; il voit d'abord les mêmes choses que tout le monde, puis il les voit mieux, il y constate une détermination nouvelle. En sorte que, si la théorie sur le développement des puissances du binôme avait été, un jour, la théorie la plus élevée dont on possédât la connaissance claire, il aurait suffi à un esprit supérieur d'y apercevoir une détermination de plus, ou de l'élever à un nouveau degré de clarté, pour faire ce que l'on nomme une découverte.

Ainsi s'explique l'observation commune, si souvent inculquée par Leibnitz, que la réalité n'offre pas de transition brusque : ainsi encore s'explique l'action prépondérante des philosophes dans les mathématiques. Il a fallu la force intellectuelle de Descartes, de Pascal, de Leibnitz, pour renouveler et pour conduire à un très haut degré de perfection la géométrie et l'algèbre. C'est qu'un vrai philosophe pense avec une force toute particulière; il aperçoit, dans une théorie connue, bien des propriétés que d'autres n'aperçoivent pas; en un mot, il sait prendre une conscience moins limitée, une conscience plus claire, de la science spéculative universelle que tous les hommes pensent par un acte unique, et, comme tel, tout à fait obscur.

Le philosophe arrive aussi à une conception déterminée de l'univers, en la découvrant toujours par un progrès insensible, dans sa pensée actuelle. Mais rien ne l'oblige à suivre un ordre rigoureusement fixé. La raison en est que la doctrine philosophique prend, en chacun de nous, un développement naturel. Au contraire, la doctrine mathémathique reste en nous absolument confuse, jusqu'au moment où un effort voulu en fait percevoir quelque chose. Et, en effet, que ce soit par le privilège de leur nature, ou par l'influence de l'éducation, tous les hommes, même les derniers d'entre les sauvages, possèdent, avant tout effort voulu, une idée générale, au moins une idée très grossière sur ce qui leur paraît l'univers. Chaque homme a toujours pu apprendre, dès sa première enfance, ou une doctrine, ou une fable qui joue le rôle de doctrine. Il s'opère ainsi un travail confus, et, à l'âge de raison, on possède naturellement une certaine doctrine. Le même travail confus se continue longtemps; si bien qu'au moment où l'on peut accomplir, pour les recherches philosophiques, un effort intellectuel voulu, on s'aperçoit que l'on pense avec la même clarté très faible, très douteuse, toutes les parties de la doctrine.

Aussi n'y a-t-il aucune raison essentielle de commencer l'enseignement de la philosophie par la logique plutôt que par la métaphysique. L'enseignement, même utile, se transmet comme on peut; dans tous les cas, pour enseigner une logique distincte de tout le reste, il faudrait n'y mettre aucun exemple déterminé; car tout exemple suppose une théorie sur le juste, ou sur le vrai, ou sur l'honnête, enfin une philosophie complète. Il faudrait donc, comme Aristote, proposer le syllogisme sous cette forme : Tout A convient avec quelque chose de B; tout B convient avec quelque chose de C; donc quelque chose de C convient avec quelque chose de A. Et encore, si on veut se rendre bien compte des convenances énoncées, il faudra, d'une réflexion à l'autre, penser toute une philosophie.

Et, sur chaque question essentielle qu'il expose, c'est bien là ce que tout philosophe est obligé de faire. Spinoza met toute sa conception panthéiste dans sa théorie de l'immortalité de l'âme, autant que dans sa théorie sur la substance ou sur Dieu. De même, pour avoir la vraie pensée de saint Augustin sur l'immortalité de l'âme, il faut se représenter toute la philosophie de saint Augustin. Il n'est ni vrai, ni possible, que saint Augustin et Rousseau, enseignant l'un et l'autre l'immortalité de l'âme, l'entendent de la même manière; car, pour saint Augustin, l'immortalité de l'âme signifie la survivance éternelle de la substance intelligente, créée de Dieu, rachetée par Jésus-Christ, et soutenue ou sollicitée mystérieusement par la grâce. Elle signifie nécessairement tout cela ; et tant qu'on ne le voit pas, on ignore ce que saint Augustin entend par immortalité de l'âme.

Or, en quelque moment que saint Augustin,

ou que tout autre philosophe, ait eu conscience de voir plus clairement sa doctrine, il a eu, comme le mathématicien, la conscience de voir en soi-même. Il a senti la nécessité intérieure de concevoir telle doctrine; il a pu constater que sa doctrine était en lui, d'abord inaperçue et désormais invinciblement claire. Comme, d'ailleurs, il ne lui est pas possible de la concevoir tout entière par une seule intellection claire et précise, il s'en donne autant de perceptions qu'il a de questions à examiner et à résoudre. Mais les perceptions de cette sorte ne diffèrent qu'en apparence. Toutes ont le même sens, et, au fond, toutes on la même valeur. Pour savoir, en effet, comme le savait saint Thomas, que le monde est contingent, il faut savoir que Dieu est créateur libre; ou bien, on prononce, avec saint Thomas, la même expression, *monde contingent,* mais on lui attribue un sens tout autre; et si l'on sait que Dieu est créateur libre, on ne peut pas s'empêcher de

savoir que le monde est contingent. Il est indifférent qu'une circonstance quelconque ait fixé
d'abord l'attention sur Dieu créateur libre, ou
sur le monde contingent; car on n'a jamais pu
percevoir l'un sans percevoir l'autre. On n'a
jamais, non plus, été, d'accord avec saint Augustin, sur le bien et sur le juste, sans être également d'accord avec lui sur Dieu créateur, justice absolue, beauté absolue, et sur l'homme
créature de Dieu, connaissant Dieu comme il
lui convient de le connaître, et se trouvant, à
l'égard de Dieu, dans un certain rapport de
dépendance et d'amour. Enfin, sans faire une
plus longue énumération, il est vrai, en toute
rigueur, que contester à un philosophe une
seule de ses théories sérieuses, c'est lui contester sa philosophie tout entière.

Ce que nous savons le mieux de nous-mêmes
se résume donc dans les observations suivantes : 1° apprendre, c'est acquérir une conscience
plus complète de ce que l'on savait déjà; d'où

il faut conclure que l'on pense très confusément,
dès l'origine, la science spéculative universelle ;
2° la notion nouvellement acquise fait un seul
tout avec les notions déjà possédées : dès lors,
serait-il douteux, serait-il même faux, que chacun pense très confusément dès l'origine la
science spéculative universelle, il resterait toujours certain que la science spéculative est en
nous une seule idée, absolument indivisible en
son fond ; ce qui, à la rigueur, suffirait ; 3° nous
n'avons jamais la conscience actuelle complète
de toute notre connaissance. Une doctrine nous
apparaît toujours par fragments. Chaque fragment, d'ailleurs, n'a, pour nous, sa signification totale que si nous connaissons toute la
doctrine. En nous, il y a une conscience fondamentale très confuse de la doctrine indivisible.
Voulons-nous la conscience claire, il nous faut
nous contenter d'une conscience partielle. Mais
la conscience fondamentale est toujours là, qui
donne à la conscience partielle sa valeur. Tou-

tes ces choses s'entendent mieux qu'elles ne s'expriment; car, pour les exprimer aussi bien qu'on les entend, il faudrait pouvoir transformer en une conscience claire, indivisible, toute notre conscience fondamentale très confuse; il nous faudrait sortir de la condition humaine, et comprendre, par une seule intellection claire, toute la science spéculative que nous pensons confusément.

On voit enfin que démonstration, au sens de passage à l'inconnu, n'existe nulle part, ni dans les mathématiques, ni dans la philosophie; mais démonstration, au sens de procédé par lequel on perçoit dans un principe primitif tout ce qu'il contient, c'est-à-dire tout ce qui était en nous, et que nous n'apercevions pas, existe aussi bien dans la philosophie que dans les mathématiques.

En outre, dire que des preuves ont la vertu démonstrative, cela revient à cette formule, plus exacte mais non usitée : en voyant d'une certaine manière nos pensées actuelles, nous acquérons une conscience toujours plus nette de la vraie doctrine. Sans doute, on ne devra pas affecter des formules rares. Il y aura toujours les mêmes raisons de dire que saint Thomas démontre en toute rigueur l'existence de Dieu; seulement, lorsqu'on le dit, on affirme que saint Thomas, prenant conscience de sa pensée actelle, selon le seul procédé légitime, reconnaît Dieu comme la raison définitive de toutes choses. Mais au moment où il prend ainsi conscience de lui-même, saint Thomas ne perçoit pas en lui plusieurs notions complètes et séparées, dont l'une conduirait à l'autre; il ne perçoit pas à part, d'abord toutes choses, et puis Dieu comme leur raison définitive. Au fond, il perçoit, par un acte indivisible, que toutes choses sont inexplicables sans Dieu.

L'usage fait parler de principe fécond. Mais, en réalité, un principe est fécond seulement pour l'esprit qui déjà connaît les conséquences;

et l'esprit ne connaît bien les conséquences, qu'au moment où il connaît bien aussi le principe. Dans l'ordre intellectuel, notre connaissance ne se morcelle pas réellement ; elle est toujours une. Quand on la démontre, on le fait au sens étymologique du mot, c'est-à-dire on l'expose dans tout son détail. Ainsi un philosophe se trompe, non pour avoir négligé quelques preuves isolées, subsistantes en elles-mêmes, et dont la valeur éclaterait à tous les yeux, mais pour avoir créé à son usage une conception fausse de l'univers.

V

**Les vues incomplètes des philosophes sur l'unité de la
doctrine spéculative.**

L'unité fondamentale de toutes nos conceptions purement intellectuelles est un fait trop visible et trop important pour avoir échappé à l'observation. Bien des philosophes, en effet, l'ont vu, mais ils ne l'ont vu que par moments rapides. Ils l'ont exprimé, et parfois avec une clarté parfaite, sans pourtant se rendre compte de tout ce que leurs paroles contenaient.

Platon enseigne que, dans l'absolu, la science est une ; il la représente comme l'idée suprême, dans laquelle sont contenues toutes les idées. Il enseigne aussi que l'acte d'apprendre consiste à discerner en soi-même ce que déjà l'on pensait confusément. Mais Platon procède partout en poète.

Le moyen âge a rendu célèbre l'adage que le vrai, le bien et l'être, ce sont, au fond, la même chose : *verum, bonum et ens convertuntur.* On avait donc conscience que penser au vrai, au bien ou à l'être, c'est avoir, en trois manières différentes, une même pensée.

Le principe *verum, bonum et ens* appartient à Platon, ou mieux à saint Augustin beaucoup plus qu'à Aristote.

Saint Augustin ne s'est pas appliqué avec suite à la question de l'unité de la science. Il a vu, selon le cas, et il a exprimé tout ce que cette question comporte ; mais il n'a pas coordonné ses vues, en sorte qu'elles sont restées peu efficaces pour lui, et inutiles pour les autres. Pourtant, il savait fort bien dire que l'acte d'apprendre consiste à penser avec netteté quelque chose de la science spéculative universelle que nous pensons toujours confusément. Voici un passage, et il n'est pas le seul, qui ne laisse rien à désirer : « D'où, et par quel moyen, ces doctrines ont-elles pénétré dans ma mémoire ? Je ne sais. Car, en les apprenant, je ne me suis pas fié à la conscience d'autrui ; je les ai vues dans ma propre conscience, je les ai y reconnues comme vraies, et je les y ai mises en dépôt pour les en faire sortir quand je voudrais. Elles y étaient donc avant que je les eusse vues ; mais (opposerait-on) elles n'étaient pas dans ma mémoire. Où donc, et pourquoi les ai-je reconnues quand on les a exprimées devant moi et pourquoi ai-je dit : Il est ainsi; cela est vrai? Pourquoi l'ai-je dit, sinon parce que toute cette doctrine était déjà dans ma mémoire, mais si éloignée, si enseve-lie, que, sans quelque avertissement, je n'aurais pas pu, sans doute, la penser (1). »

Il est arrivé à saint Thomas de constater que

_____

(1) *Confess.*, lib. X, cap. x, n° 17.

plusieurs pensées ne sont, en définitive, qu'une même pensée : « Les parties, a-t-il dit, se peuvent entendre en deux manières : d'abord confusément, selon qu'elles existent dans le tout; alors elles sont connues toutes à la fois. Les parties sont connues aussi par une connaissance claire, qui les exprime chacune selon sa nature propre; en ce sens, elles ne peuvent être entendues à la fois (1). »

Les mystiques avaient su, par leur propre expérience, que toutes les pensées sur Dieu se réduisent à une seule pensée. Saint Jean de la Croix disait que l'âme obtient « la substance d'une connaissance générale et effective, qui remplace toutes les vues particulières (2) ». Saint François de Sales disait de même : « Nous comptons en méditant, ce semble, les perfections divines que nous voyons en un mystère; mais en contemplant, nous en faisons une

(1) *Sum. theol.*, I⁣ʳᵉ part., q. LXXXV, in corp. *art.*
(2) *Montée du Carmel*, liv. II, chap. xiv. Ed. Oudin, p. 196.

somme totale (1). » Les états que les mystiques nomment *sommeil des puissances, oraison de quiétude, vision intellectuelle,* sont aussi des états dans lesquels l'intelligence connaît par une perception unique plus ou moins claire, le total réel de la doctrine.

Bossuet et Fénelon ont, après saint Augustin, parlé avec une singulière justesse. Bossuet voit que toute doctrine spéculative se réduit à l'unité, et que les diverses parties d'une démonstration se contiennent l'une l'autre; il dit : « Ces vérités éternelles que tout entendement aperçoit toujours les mêmes sont quelque chose de Dieu, ou plutôt sont Dieu lui-même. Car toutes ces vérités éternelles ne sont, au fond, qu'une seule vérité. En effet, je m'aperçois, en raisonnant, que toutes ces vérités sont suivies. Ainsi, la vérité est une en soi. Qui la connaît en partie en voit plusieurs ; qui la

(1) *Traité de l'amour de Dieu,* liv. **VI**, chap. v. Ed. Bar-le-Duc, p. 231.

verrait parfaitement n'en verrait qu'une (1). »

Fénelon, comme saint Augustin, connaît cet éveil intérieur que l'on appelle apprendre. « Il n'y a, dit-il, qu'un véritable maître qui enseigne tout, et sans lequel on n'apprend rien. Les autres maîtres nous ramènent toujours dans cette école intime où il parle seul. C'est dans le fond intime de nous-mêmes qu'il nous garde certaines connaissances ensevelies qui se réveillent au besoin (2). »

Malebranche a l'intuition fugitive que, dans une démonstration, il n'y a pas de distinction réelle entre les diverses parties. Il a écrit : « On ne peut donner une démonstration exacte d'une vérité, qu'on ne fasse voir qu'elle a une liaison nécessaire avec son principe, qu'on ne fasse voir que c'est un rapport nécessairement renfermé dans les idées que l'on compare (3). »

(1) *Connaissance de Dieu et de soi-même*, chap. IV.
(2) *Existence de Dieu*, Ire part., chap. II, n° 59.
(3) *Entretiens sur la métaphysique*, VIe Entretien.

Il a senti souvent que tout se tient et se réduit à l'unité; mais il n'a jamais eu là-dessus
une notion bien nette. Il s'apercevait seulement
que les divisions, si utiles ou si indispensables
qu'elles soient, sont néanmoins quelque chose
d'artificiel et de trompeur : « Tout ce qui est
dans l'homme, écrivait-il, est si fort dépendant
l'un de l'autre qu'on se trouve souvent comme
accablé sous le nombre des choses qu'il faut
dire dans le même temps, pour expliquer à
fond ce que l'on conçoit. On se trouve souvent
obligé de ne point séparer les choses qui sont
jointes par la nature les unes avec les autres,
et d'aller contre l'ordre qu'on s'est prescrit,
lorsque cet ordre n'apporte que de la confusion... Cependant avec tout cela, il n'est jamais
possible de faire sentir aux autres tout ce qu'on
pense (1). » Cette dernière réflexion signifie
que, chez un philosophe, la pensée confuse,

(1) *Recherche de la Vérité*, liv. **IV**, chap. **xi**; au commencement.

indivisible, dépasse infiniment toute la série des pensées claires. Enfin, Malebranche disait encore : Je ne prétends point m'obliger à rien lorsque je me fais un ordre. Je me fais un ordre pour me conduire (1); » et il avait conscience que ses règles sur la méthode dépendent toutes les unes des autres (2).

Mais avec saint Augustin, c'est Condillac qui a le mieux vu et le mieux parlé. Certes, la chose est la plus singulière du monde. Comment, en effet, le philosophe qui écrit le *Traité des Sensations*, et qui crée la fable ou le symbole de la statue, arrive-t-il à écrire aussi des réflexions de cette sorte ? « On ne peut découvrir une vérité qu'on ne connaît pas, qu'autant qu'elle se trouve dans des vérités qui nous sont connues (3). » — « Quand la question est établie, le raisonnement qui la

(1) *Recherche de la Vérité*, fin du liv. IV.
(2) *Ib.*, liv. VI; IIe part. , chap. 1er, vers la fin.
(3) *Logique*, chap. VIII (Œuvres de Condillac, édition Houël. Paris, 1798 ; t. XXII, p. 170).

résout n'est encore lui-même qu'une suite de traductions, où une proposition qui traduit celle qui la précède est traduite par celle qui la suit. C'est ainsi que l'évidence passe avec l'identité, depuis l'énoncé de la question, jusqu'à la conclusion du raisonnement (1). »

Il y a dans la *Logique* et dans la *Langue des Calculs* beaucoup de réflexions semblables. En voici une seule empruntée à la *Langue des Calculs*. Elles est très courte, très vraie, et parfaitement incompatible avec la théorie du *Traité des Sensations*. « Lorsque l'enfant saura (ce chapitre), ce qu'il aura appris sera la même chose que ce qu'il savait (2). »

Stuart Mill n'a pas vu aussi juste que Condillac. Il constate fort bien que la proposition et la définition ne sont, au fond, l'une et l'autre qu'une identité (3). Pourtant il ne comprend pas toute l'importance de ce fait ; aussi se

(1) *Logique,* chap. viii, p. 176.
(2) *Langue des Calculs,* chap. v (t. XXII, p. 59).
(3) *Logique,* liv. II, n° 2. Traduction Peisse, t. I. p. 178.

propose-t-il de passer « aux vrais cas d'inférence dans la rigoureuse propriété du terme, ceux dans lesquels on part de vérités connues pour arriver à d'autres réellement distinctes des premières (1) ».

Stuart Mill croit donc que l'on arrive à l'inconnu, et qu'il y a des vérités réellement distinctes l'une de l'autre. Cette croyance d'abord, et ensuite la confusion qu'il établit entre la connaissance des faits extérieurs et la connaissance purement spéculative, l'ont empêché de donner une analyse bien nette du syllogisme.

Il s'est trop attardé à discuter l'exemple : Tous les hommes sont mortels ; or Socrate est homme ; donc Socrate est mortel. Ce raisonnement porte sur un simple fait : il y avait à dire, sur la connaissance du pur fait, ce que Stuart Mill ne paraît pas soupçonner.

Mais où il se trompe bien davantage, c'est lorsqu'il cite et qu'il blâme une phrase très

(1) *Logique*, liv. II, n° 3, t. I, p. 183.

vraie de l'archevêque Whately. Voici cette phrase : « L'objet du raisonnement est simplement de développer, de déplier, en quelque sorte, les assertions enveloppées et impliquées dans celles que nous énonçons, et de faire bien sentir et reconnaître à une personne toute la portée de ce qu'elle a admis. » Stuart Mill, qui n'a pas vu combien toutes nos pensées spéculatives se réduisent à une seule pensée, accuse Whately de ne pas toucher « à la difculté réelle de la question, qui est de savoir comment il se fait qu'une science telle que la géométrie peut être *enveloppée* tout entière dans quelques définitions et axiomes (1) ».

Le tort de Stuart Mill consiste, ici, à considérer les définitions et les axiomes comme réels en eux-mêmes, et complets en eux-mêmes. Or, ils ne sont ni l'un ni l'autre. Et, en effet, pour l'ignorant, les définitions et les axiomes expriment une connaissance, ou vul-

(1) *Logique*, liv. II, chap. ii, n° 2, t. I, pp. 206-207.

gaire, ou vague, dans laquelle la réflexion arrive à discerner quelque chose d'un peu moins vulgaire, ou d'un peu moins vague. Aussi, les mêmes définitions et les mêmes axiomes, à mesure que l'on avance dans l'étude de la géométrie, prennent-ils une signification toujours plus vaste; et, peu à peu, ils deviennent le résumé de toute la géométrie. Ils ne sont donc, à l'égard de la géométrie, ni un contenant, ni un contenu; ils sont la connaissance primitive et obscure de la géométrie complète.

Jusqu'ici, il a fallu insister sur l'unité de la connaissance spéculative. Mais afin d'entendre encore mieux la nature de cette connaissance et celle de la démonstration philosophique, il faut aussi étudier notre connaissance des choses extérieures. Il faut, en d'autres termes, comparer la métaphysique et la science.

CHAPITRE II

LA MÉTAPHYSIQUE ET LA SCIENCE

CHAPITRE II

LA MÉTAPHYSIQUE ET LA SCIENCE

Nous avons trois modes de connaissances : la connaissance proprement intellectuelle ou spéculative; la connaissance de nous-même ou intuition de conscience, et, enfin, la connaissance du monde extérieur. Il est indiscutable que se représenter cette notion : *quelque chose existe, donc il existe un absolu qui en rend compte*, c'est avoir une connaissance toute différente de celle par laquelle on se saisit soi-même; et, à leur tour, la connaissance intellectuelle et l'intuition de conscience diffèrent, l'une et l'autre, de notre connaissance du monde extérieur. C'est là un fait indépendant de toute conception, soit dogmatique, soit sceptique, et un fait qui s'impose à tout le monde. Les sceptiques, et Kant avec eux, assurent seulement que la connaissance intellectuelle et que l'intuition de nous-même sont notre manière d'être, et qu'elles ne sont rien de plus ; ils assurent que, ni l'intellection, ni l'acte de conscience n'atteignent la réalité en soi. Mais ils ne songent pas à confondre cette manière d'être, qui est l'intellection, avec l'autre, qui est l'intuition de conscience, ni avec la troisième qui est la connaissance du monde extérieur. Quant à ceux qui, comme Descartes et comme Malebranche, ont oublié de discerner avec une netteté suffisante, entre l'intellection et la connaissance du monde extérieur, ils n'ont jamais prononcé que l'intellection et la connaissance du monde extérieur sont deux modes identiques, ou simplement deux modes analogues de connaissance. Ils auraient bien plutôt prononcé le contraire.

Cette connaissance du monde extérieur, avec toutes les modifications qu'elle peut subir, et avec tout le développement qu'elle peut prendre, va maintenant être étudiée.

I

Notre ignorance du temps, de l'espace et du mouvement ;
et la nécessité où nous sommes de ne percevoir le
monde extérieur que sous les conditions de temps,
d'espace et de mouvement.

Nous avons sur l'existence du monde extérieur une connaissance instinctive. Les raisonnements de Berkeley ne l'ébranlent pas ;
mais, d'un autre côté, il ne peut y avoir de
considération, ni de raisonnement qui atteigne
Berkeley, et qui le gêne. Tout ce que l'on pourrait à son égard, ce serait de l'inviter à s'examiner lui-même, et à voir si, réellement, il a
pu dépouiller l'instinct qui nous fait croire le
monde extérieur, et si, obéissant à cet instinct,
il est toujours convaincu d'être trompé.

En fait, nous nous sentons forcés à croire

l'existence du monde extérieur; mais nous sommes témoins à nous mêmes que nous ignorons la nature des réalités qui le composent.

C'est cette ignorance dont il faut ici se rendre compte.

Nous connaissons le monde extérieur sous les trois conditions de temps, d'espace et de mouvement. Ce sont pour nous trois conditions inévitables, d'après lesquelles nous sommes obligés de nous représenter notre rapport avec le monde extérieur; or, malgré cette obligation, nous ne savons rien sur la nature du temps, de l'espace, du mouvement; nous ignorons même si le temps, l'espace et le mouvement existent hors de nous. La notion aveugle et instinctive que nous en avons reste toujours pour nous dans une absolue obscurité. Encore n'est-ce pas *n 'ion aveugle et instinctive* qu'il faudrait dire; car jamais nous ne connaissons, ni le temps, ni l'espace, par un acte particulier, même très obscur, lequel serait la perception propre du temps, ou la perception propre de l'espace ; mais, comme le mouvement suppose le temps et l'espace, nous n'avons non plus aucune perception propre du mouvement.

Il ne faudra qu'un peu de réflexion pour voir que nous n'avons pas une conscience directe et immédiate du temps. Il est certain, en effet, que nous ne réussissons pas à nous sentir simplement durer. Notre conscience du temps, c'est la conscience actuelle d'être ou d'agir, et le souvenir d'avoir été ou d'avoir agi. Nous n'avons d'ailleurs proprement conscience que de la sensation actuelle, ou de la pensée actuelle, ou du sentiment actuel. Tout se réduit donc, pour nous, à établir entre l'action actuelle et celle qui ne l'est pas un ordre successif. Mais pendant que l'action s'accomplit, le successif n'existe pas pour nous. Ainsi une sensation, à la fois très intense et absolument identique à elle-même, ne peut nous paraître ni longue, ni courte. Ainsi encore, une inspiration poétique bien vive, un sentiment poussé jusqu'à l'extase, une contemplation intellectuelle, débarrassée le plus possible des fantômes de l'imagination, mettent l'esprit en dehors du temps.

Quant à l'espace, nous l'ignorons bien davantage; car enfin, le successif nous apparaît dans nos pensées, dans nos sentiments et dans nos sensations; mais l'*étendu* ne nous apparaît que dans la sensation et par la sensation. La vue simultanée de plusieurs objets nous donne l'impression de ce que nous appelons de vastes espaces; le tact nous fait percevoir simultanément diverses résistances, ou divers chocs. Mais de pareilles perceptions, outre qu'elles n'ont rien d'intuitif, n'atteignent pas un *étendu* proprement dit, distinct de chacun des objets aperçus. Il en est ici de l'espace comme du temps: la perception du temps se confond pour nous avec la conscience d'abandonner une action et d'en commencer une autre; de même, une impression de réalité étendue se confond pour nous avec la perception d'un nombre plus ou moins grand d'unités perceptibles, convenablement discernées l'une de l'autre. Que deviendrait, en effet, la perception visuelle de l'espace, si toutes choses paraissaient absolument uniformes à l'œil, sans la moindre différence, sans qu'un seul point se fît remarquer dans le tout ? La perception de l'espace par le tact ne saurait non plus exister si nous n'avions pas conscience d'éprouver des résistances diverses. Peut-être, enfin, n'y a-t-il pas d'autre temps et d'autre espace, que notre faculté de discerner entre nos actions. Cela, d'ailleurs, n'atténuerait pas notre ignorance. Mais cette ignorance entraîne, de toute nécessité, l'ignorance du mouvement, puisque, sans le temps et sans l'espace, le mouvement ne se conçoit pas.

Ici on doit se reconnaître tout à fait impuissant. Les Éléates, qui proposaient une solution ferme, voyaient trop peu la difficulté. C'est,

en effet, trop simplifier les choses, que de proposer contre le mouvement une objection de
cette sorte : soit un mobile qui parcourt une
ligne, et soit ce mobile considéré en un instant
précis ; il se trouve alors en un certain point
de la ligne, c'est-à-dire, en cet instant il ne se
meut pas ; donc le mouvement qu'il est censé
accomplir sur toute la ligne n'est qu'une série
de repos ; donc le mouvement est impossible.

Cette objection, infiniment naïve, suppose
que le temps se compose d'instants sans durée,
et l'espace, de points sans étendue.

Il y a pourtant quelque chose de plus naïf
que l'objection : c'est l'acte du philosophe qui,
pour en montrer la faiblesse, se mit à marcher.
Cet acte, si souvent cité comme un modèle de
réponse triomphante, aurait dû rester uniquement comme un exemple de sottise absolue.
En voici la raison, très simple et très claire :
on ne pourrait diriger une objection contre
notre impression telle quelle du mouvement ;

il y aurait folie trop visible à vouloir persuader aux hommes qu'ils n'éprouvent pas une certaine impression, nommée par eux perception du mouvement. Or, les Éléates ne commirent pas cette folie; ils prétendaient bien, par leur objection, décider quelque chose sur le mouvement en lui-même. A son tour, le philosophe qui, entendant leur objection, la trouva fort ridicule, ne sut alléguer aucune réponse précise; il se rassura par le dédain, et il se mit à marcher. Il fournit ainsi aux autres l'occasion d'avoir une fois de plus l'impression du mouvement, mais il ne décida rien sur la réalité du mouvement.

En pareille matière, on ne décidera jamais rien. Toute décision absolue, soit affirmative, soit négative, sera une décision sur le pur inconnu, sur l'inconnu inaccessible. Il y a ainsi, pour nous, la double nécessité de ne rien comprendre au temps, à l'espace, au mouvement, et de ramener toute notre connaissance du monde extérieur à une certaine connaissance du temps, de l'espace et du mouvement.

Nous n'avons donc aucune notion certaine sur ce que peut être en lui-même le monde extérieur. Mais nous sommes faits pour en subir l'action et pour agir sur lui. Or, comme notre existence dépend de cette action mutuelle, nous avons un instinct du monde extérieur, aussi sûr et aussi subtil que l'exigent les nécessités de notre existence. En outre, notre instinct du monde extérieur se modifie; il s'étend; il nous conduit à de nouveaux modes d'action ; cette extension de notre instinct, c'est la science. Il ne reste qu'à donner à ces deux affirmations le développement convenable.

II

Notre ignorance sur la réalité extérieure perçue comme
fait isolé ; notre ignorance sur la même réalité perçue
comme une série de faits desquels nous savons seulement qu'ils influent les uns sur les autres.

Et d'abord, tous les hommes, quelque gros-
siers qu'ils soient, assurent et règlent leur existence d'après la perception de faits qui leur
paraissent, tantôt isolés, fugitifs, tantôt reliés
l'un à l'autre et destinés à se reproduire toujours dans de certaines circonstances.

Quant au fait isolé, on ne l'atteint pas dans sa
nature propre par l'intermédiaire de l'organe.
D'ailleurs l'organe en lui-même, indépendamment de la vie qui l'anime, n'a aucune réalité. Ce
n'est pas l'œil qui voit ; c'est le sujet qui a conscience de ses actions et de lui-même. Mais le sujet

pensant voit, selon des conditions bien diverses, les choses extérieures; il en a des visions différentes, selon que les conditions se modifient. Or, si, dans une condition quelconque, le sujet a une vision proprement naturelle, une vision qui, en lui, exprime la réalité, il aura donc, dans une condition tout autre, une vision contre nature. Par exemple, regardant à l'œil nu une plaque de marbre, on aperçoit une surface polie ; si réellement la plaque a une surface polie, il suivra que le microscope, en nous faisant voir la même plaque sous un aspect rugueux, a produit en nous une vision contre nature.

Mais les deux visions se valent. Il y a pourtant une raison bien simple de se guider le plus souvent d'après la vision à l'œil nu; c'est que ce mode de vision s'accorde mieux avec les nécessités de l'existence. Il faut à chaque instant que notre action sur la réalité extérieure corresponde à l'action que la réalité extérieure doit exercer sur nous. Dès que la correspondance convenable manque, nous ne pouvons plus vivre, ou du moins nous ne pouvons plus nous suffire. Or, pendant notre enfance, nous avons appris à établir un rapport entre la perception de la vue, celle de l'ouïe et celle du tact. Donc, plus tard, notre perception à l'œil nu est simplement la perception la plus apte à nous faire prévoir quelque sensation, soit de l'ouïe, soit du tact. Ainsi avoir à l'œil nu la perception d'une surface sur laquelle on juge qu'il sera commode de s'appuyer, n'indique pas qu'il existe quelque chose d'égal ou de doux, mais seulement qu'à notre portée il se trouve quelque chose, nous ne savons quoi, dont l'action sur nous aura un résultat favorable. La vision au microscope fait aussi, dans bien des cas, prévoir un résultat que la vision à l'œil nu n'aurait pas indiqué. Chacune des deux visions peut donc, selon les circonstances, être préférable, c'est-à-dire plus utile ; chacune des deux a son rapport particulier avec nos autres perceptions sensibles. D'ailleurs, les choses, hors de nous, ne ressemblent ni à notre perception à l'œil nu, ni à notre perception par le microscope.

En général, le mode de perception du fait n'a aucune importance en lui-même ; il n'y aurait aucun motif de s'en préoccuper, si nous n'étions obligés d'établir un rapport entre nos diverses perceptions sensibles. Les hallucinations elles-mêmes, en exceptant celles auxquelles ne correspond aucun objet, sont pour nous une représentation du monde extérieur qui, précisément comme représentation, ne le cède en rien à la perception ordinaire ; elles ont un seul défaut qui consiste à introduire du trouble dans nos prévisions. De tout cela il suit que, si l'on aperçoit un fait simplement, sans songer à la possibilité de le prévoir et d'en faciliter, ou encore d'en prévenir le retour, l'on a l'impression convenable de la chose extérieure, ce qui doit s'entendre, l'impression qui convient à notre rôle dans le monde extérieur.

Mais il arrive bien rarement que l'on aperçoive ainsi le fait, sans voir de quelle manière il pourrait se reproduire, sans chercher à découvrir cette manière, enfin sans se demander s'il en existe une.

Voilà pourquoi nous savons bientôt que nos impressions du monde extérieur se suivent dans un ordre fixé. Nous prévoyons, dans un nombre infini de circonstances, ce qui doit suivre pour nous. Mais, tout en prévoyant, nous ignorons quelle chose se passe réellement hors de nous.

Cette prévision certaine, et toujours obscure, témoigne que tous les hommes possèdent l'instinct nécessaire pour percevoir la constance des phénomènes et de leur succession, pour s'accommoder aux circonstances, pour tirer toujours un parti convenable des ressources que le monde extérieur leur fournit.

Parce que nous possédons cet instinct, nous savons naturellement, dès l'âge de raison, que, toujours et partout, les pierres tombent, le feu a les mêmes propriétés, un chemin aboutit là où il aboutissait autrefois. Les sauvages ont, sur tout cela, une certitude parfaite. Ils ne songent ni à se jeter dans le feu, ni à marcher sur l'eau, ni à s'élancer, comme les oiseaux, du haut d'un rocher à pic. Ils savent, sans y réfléchir, que l'oiseau, frappé par la flèche, ne restera pas suspendu en l'air. Ils crieraient au prodige si l'oiseau ne tombait pas; et ils penseraient que tout est bouleversé dans le monde, si tous les oiseaux frappés restaient suspendus là où ils ont reçu le coup.

Cet instinct, qui fait deviner sûrement la constance dans les choses extérieures, a produit les proverbes populaires; il maintient les arts, les métiers, enfin l'ordre entier de la vie sociale. Grâce à cet instinct, les hommes utilisent les ressources que la réalité extérieure met à leur portée.

C'est là un fait que tout proclame. Personne,

en effet, ne s'entend aussi bien à se garantir du froid que les habitants des régions polaires ; les fellahs distribuent les eaux du Nil, bien plus heureusement que ne savent le faire les ingénieurs venus d'Europe ; les sauvages pratiquent la chasse comme il convient de la pratiquer dans le pays où ils vivent ; ils deviennent, sans théorie, de très habiles navigateurs ; leurs barques, si légères, traversent les plus difficiles passages. Toute routine n'est, d'ailleurs, que l'action suggérée par notre instinct du monde extérieur. Et, si les circonstances l'exigent, une routine nouvelle se produit très rapidement.

C'est ainsi que l'homme civilisé, transporté dans des contrées désertes, prend aussitôt d'autres aptitudes ; il déploie une énergie et une habileté qu'il ne soupçonnait pas en lui. Pourvu que le climat ne soit pas meurtrier et que les choses nécessaires à la vie ne fassent pas complètement défaut, il tourne tout à son service.

Ce même instinct du monde extérieur est aussi le principe de la science. Physique, physiologie, astronomie, etc., représentent les degrés du développement toujours aveugle, auquel notre instinct du monde extérieur peut parvenir.

Les savants, en effet, prévoient des phénomènes; ils en procurent ou ils en empêchent le retour; mais ils prévoient et ils agissent, parce qu'ils ont l'instinct du monde extérieur; et jamais, ni dans leur prévision, ni dans leur action, ils ne connaissent la raison essentielle de rien.

Il est vrai qu'il leur a fallu un effort très long, très méritoire, pour arriver à une telle prévision, et pour se mettre en état de réaliser au dehors certaines conditions convenables. Ils ont beaucoup réfléchi, beaucoup deviné, et, en fin de compte, ils ont acquis la connaissance sensible d'un détail inaccessible au vulgaire. Le savant n'acquiert rien de plus; il reste condamné, comme le vulgaire, à ne voir que le dehors de la réalité. L'assimilation sur ce point est complète. Le premier venu allume du feu, tout en ignorant la nature du feu, du mouvement et de la communication du mouvement ; de même les résultats les plus merveilleux acquis dans les laboratoires proviennent d'une connaissance aveugle, instinctive. C'est en modifiant leur instinct du monde extérieur que les savants réussissent à les déterminer.

Sans doute, il est facile aux savants de raconter les expériences qu'ils instituent et les précautions minutieuses qu'ils prennent, pour fixer enfin les conditions selon lesquelles un fait peut et doit se produire. Or, par cette narration, les savants ne rendent compte de rien, et voici pourquoi : d'abord, avec quelque attention qu'ils examinent, ils ne connaissent la réalité extérieure que par leur sensation ; de plus, à propos de leur perception actuelle, ils décident absolument sur le nombre infini de faits qu'ils n'ont pas perçus. Mais précisément, dans l'un et dans l'autre cas, la connaissance scientifique n'est qu'une connaissance aveugle et instinctive.

En effet, la sensation du savant n'exprime pas la réalité extérieure. Il est bien clair que les réflexions développées déjà, sur la nature de la sensation, se rapportent à toute sensation.

Mais, outre sa sensation, qui est la perception du fait comme tel, le savant a aussi une perception toute différente et en quelque sorte absolue. Car il sait, avec une certitude invincible, que tel fait se produira toujours et partout dans de certaines conditions, désormais connues. Il est arrivé à cette certitude, parfois après des expériences fort nombreuses, et parfois après une seule constatation. Quoi qu'il en soit, le savant a vu autre chose que le simple fait ; il a pu percevoir la nécessité même du fait, et la place du fait dans la marche générale des choses.

Or, dans le travail qui a précédé la connaissance désormais générale et invincible, il n'y a jamais eu un acte d'intellection; et cette connaissance générale elle-même n'est qu'une connaissance aveugle et instinctive. Mais cette connaissance n'a qu'une cause possible qui est notre instinct du monde extérieur.

L'induction, en effet, est une recherche toujours obscure, un effort mystérieux, après lequel le savant constate enfin, non plus simplement qu'un fait se produit, mais qu'il doit et comment il doit se produire. Avoir d'abord cherché longtemps, est une condition nécessaire seulement en fait; quant à la constatation définitive elle vaut, parce que, sur un point déterminé, elle fournit une connaissance certaine, acquise comme telle et discernée comme telle par notre instinct du monde extérieur.

Le savant, en effet, possède comme l'ignorant la faculté de distinguer entre le phénomène isolé, transitoire, et le phénomène constant, lié avec d'autres phénomènes. Il veut connaître la constance et le rapport des phénomènes;

il y arrive; il constate, en général, s'il y est arrivé. Des circonstances inexplicables l'y conduisent. Chacune d'elles, si on la considère à part, est souvent inutile; toutes ensemble ont fourni à notre instinct du monde extérieur l'occasion de s'exercer. Voilà, en deux mots, tout le secret de l'induction.

Secret impénétrable, au fond; car l'induction est un effort qui conduit à une connaissance aveugle et certaine. Connaissance aveugle; le savant ne voit, dans leur réalité intime, ni substance, ni action réciproque. Connaissance certaine, le savant ne peut pas douter, il ne doit pas douter de ses perceptions et de ses prévisions, en tant que les unes et les autres expriment à leur manière la simple existence d'un fait, on ne sait lequel, ou d'un rapport, on ne sait lequel.

D'ailleurs, il ne suffit pas au savant d'avoir la certitude que tel fait se produit toujours dans des conditions convenablement connues. Bien que, réellement, le savant ne puisse pas pénétrer au delà, il s'efforce de le faire; il croit y avoir réussi. C'est précisément cette tentative qui montre toute l'inanité de la science.

III

Connaissance scientifique limitée au fait constaté, et à la
possibilité de reproduction du fait. *Théories générales*
et *Lois* ne sont qu'un procédé commode pour raconter
les faits connus.

A ce sujet, il faut remarquer que le savant
obéit au double désir de se représenter ses
connaissances sous un aspect intelligible et de
les organiser en un tout régulier. Il a, comme
le philosophe, la raison architectonique. Il construit naturellement un système : ce qui est d'a-
bord utile; il croit comprendre son système,
ce qui est l'erreur trop fréquente et très regret-
table.

En toute manière, l'exposition systématique,
même lorsqu'elle contient de pures hypothèses,
c'est-à-dire lorsqu'elle exprime autrechose que

la simple existence d'un rapport certainement connu, est encore très utile. Elle a pour premier avantage de faciliter la connaissance des faits qui, racontés sans ordre, formeraient un catalogue impossible à retenir. De plus, la recherche scientifique exige, elle aussi, une vue systématique des choses, on pourrait dire une vue censée intellectuelle. Ici, l'obscur travail d'induction et la perception à laquelle il aboutit vont apparaître plus compliqués et plus mystérieux qu'ils, n'avaient paru déjà. En effet, les découvertes de la science ne se font pas au hasard; elles exigent un travail de réflexion très soutenu; pourtant elles ne ressemblent pas aux découvertes de l'ordre spéculatif. Découvrir l'attraction, si toutefois l'*attraction* signifie quelque réalité, n'appartenait qu'à un savant, pour lequel il existe un système de l'univers. Une pareille découverte achève et confirme à la fois le système construit d'abord en devinant. D'ailleurs, si absolument qu'elle l'achève, et qu'elle le confirme, elle n'en fait jamais un système de connaissances intellectuelles ; Newton, qui réduisait la marche de l'univers à l'attraction, avait bien conscience d'ignorer en quoi l'attraction consiste. Il fallait de même, pour découvrir la circulation du sang, connaître les diverses parties de l'organisme humain, selon leur rapport mutuel. Sans doute, la circulation du sang est un fait autrement accessible que l'attraction, et le moment viendra bien où l'on racontera l'univers sans se préoccuper ni de l'attraction ni de la répulsion. Le résultat pratique n'est pas ici également définitif. Cela mis à part, les deux découvertes ne pouvaient, pas plus l'une que l'autre, se produire fortuitement.

Quant aux découvertes fortuites — car il y en a aussi de cette sorte, — elles n'appartiennent à la science que du moment où elles entrent dans un système. Si elles restent isolées, elles ne sont qu'une connaissance curieuse, ou une simple recette d'empirique.

C'est, en effet, surtout par la conception d'un rapport, même imaginaire, entre des séries de phénomènes, que le savant dépasse l'empirisme. L'empirique constate un fait ou une coïncidence tout isolée ; il rencontre une recette utile, et il s'arrête là ; il ne voit pas le détail caché ; il n'organise rien. Le savant décompose le fait qui d'abord, connu en gros, paraissait indécomposable ; il discerne, autant que possible, la réalité que les apparences dissimulaient. Un heureux hasard pouvait, certes, permettre à un empirique de constater que le quinquina guérit la fièvre. Mais cette simple constatation ne fait rien connaître sur le détail de l'état que l'on désigne par le mot *fièvre*, ni sur la composition du quinquina. Ce sont là des connaissances que le savant possède seul, et qui lui permettent de discerner quelle action utile s'accomplit. Il y a plus encore. Cette connaissance précise du détail essentiel suggère des modifications dans l'emploi de la cause extérieure : elle conduit à prévoir de nouveaux phénomènes et à les réaliser.

La science ne vaut que par cette constatation du détail réel pour nous, et par l'organisation convenable des connaissances désormais certaines. Mais l'organisation est toujours une tentative d'explication. D'ailleurs, toute organisation qui comprend le détail vraiment constaté est une organisation utile. Est-elle jamais une organisation essentiellement vraie? On aurait tort de le croire.

En effet, il n'y a rien de certain dans la science que le résultat acquis, c'est-à-dire le fait réellement vu, le fait que l'on retrouve, que l'on reproduit ou que l'on prévient à volonté. C'est en vain que l'explication du résultat paraîtrait claire, irrésistible ; elle n'est, à part son utilité pratique, qu'un discours agréable, ou, si l'on veut, un corps de formules à la mode. De pareilles formules ont toujours inspiré trop de respect. De là vient que, depuis trois siècles,

les savants autorisés ont combattu tant de découvertes importantes. Certes les médecins qui, vers 1650, faisaient encore consister la sagesse et l'orthodoxie à nier la circulation du sang avaient beaucoup de science. On ne pouvait leur reprocher cette ignorance qui précède l'étude et qu'un peu d'attention dissipe. On ne pouvait non plus les accuser de soigner le malade, sans raisonner sur la maladie, sans en prévoir la marche, sans deviner l'effet du remède. Enfin, la guérison du malade leur donnait raison. Ainsi, toute leur pratique dépendait pour eux de principes fort bien liés, que l'événement vérifiait tous les jours; ils continuaient donc à croire leurs principes. Plus tard, les savants se moquèrent de l'attraction, parce qu'ils s'imaginaient comprendre ce que signifie *impulsion*, et que, se représentant la marche du monde extérieur comme réglée par une *impulsion* intelligible, l'attraction leur paraissait absurde, autant que pourrait faire la contradictoire d'un théorème bien démontré.

Leibnitz défendit son principe sur la force vive, parce que, sans doute, il le croyait intelligible ; et d'autres l'attaquèrent, parce qu'à leur tour ils pensaient que l'on comprend quelque chose en pareille matière. Ce ne sont pas les savants autorisés qui ont construit la locomotive et le bateau à vapeur ; les Académies auraient plutôt trouvé des raisons très scientifiques, contre l'un et contre l'autre. N'a-t-il pas été certain qu'il ne tombe pas d'aérolithes ? Les savants ne jugeaient pas même qu'il y eût à discuter cela. Et, pour en finir, l'hypnotisme, avant de s'imposer à l'attention de tous, a passé, aux yeux des savants, pour une pure charlatanerie.

Des erreurs de cette sorte se reproduiront aussi longtemps que l'on croira voir de l'intelligible dans la science, c'est-à-dire aussi longtemps que l'on attribuera une importance fondamentale aux lois scientifiques, et que l'on aura conscience de les comprendre, ou du moins que l'on procédera comme si on les comprenait. A plus forte raison ces mêmes erreurs se reproduiront-elles si l'on continue à se tromper soi-même, en parlant des lois comme d'entités intellectuelles agissantes, qui connaîtraient leur action, et qui seraient en état d'en rendre compte. C'est pourtant ainsi que l'on en parle sans cesse ; on ne se contente pas de dire que tel phénomène arrive de telle manière, on veut qu'il arrive en vertu de telle loi ; un physicien philosophe n'aura garde de raconter la chute des corps tout simplement ; il se référera à la pesanteur ; il énoncera les lois de la pesanteur, auxquelles obéissent les corps. Jamais les savants n'ont su résister à ce désir de créer des fantômes, qui, évidemment, les rassurent. On avait autrefois le grave, le léger, le sec, l'humide, le chaud, le froid, etc. ; on a aujourd'hui la force, le mécanisme, l'électricité, l'évolution, etc., etc. Pour

M. Spencer, comme pour Aristote, un fantôme quelconque se trouve toujours là ; et c'est sur lui que retombe naturellement la responsabilité de ce qui arrive, ou de ce qui paraît arriver.

Que sont donc les lois de la science ? D'abord, elles ne sont rien de subsistant. Tout le monde, certes, en conviendrait, même ceux qui répètent tous les jours : tel résultat se produit en vertu des lois de l'évolution. Mais on prononce cette phrase, et bien d'autres semblables, sans se rendre compte que, réellement, on ne se comprend pas soi-même. Il est vrai que personne ne veut prendre l'évolution pour une substance intelligente. Mais il est vrai aussi, et on s'obstine à ne pas le voir, qu'en mentionnant les *lois de l'Évolution* on exprime tout au plus l'ordre et le rapport de dépendance, selon lesquels les phénomènes nous apparaissent.

Qu'est-ce en soi-même que cet ordre ? Qu'est-ce que ce rapport ? On l'ignorera toujours; parce que les lois, en quelque manière qu'on les considère, ne sont pas un intelligible. Elles ne sont jamais que des titres de chapitre, que des étiquettes; titres utiles, d'ailleurs, en tant qu'ils servent à raconter plus commodément la succession des phénomènes. Tout le privilège d'une loi bien constatée, c'est d'être une étiquette qui paraîtra toujours bonne. Quant à la loi admise sans juste raison, on la rejettera dès qu'une circonstance convenable exigera qu'on la rejette. Mais, en pareille matière, il importe d'examiner avec une absolue liberté d'esprit; il ne serait pas sage de tenir, avant tout, pour la loi; mieux vaudrait donner dans l'excès contraire, qui ne saurait avoir de graves inconvénients. Ici, en effet, l'erreur la plus fâcheuse serait de s'obstiner à défendre des lois dont on ne peut jamais connaître la nature, et de s'obstiner à les défendre comme s'il s'agissait d'un principe intelligible. Or, il ne s'agit que d'une étiquette. On discute, par exemple, sur l'évolution ; on l'attaque, et surtout on la défend, comme si Évolution pouvait être autre chose qu'une étiquette, par laquelle on exprime le plus brièvement possible ce que l'on sait ou ce que l'on croit savoir sur la pure succession des phénomènes. Il faut donc en user librement avec les lois. Hier, telles lois étaient admises ; c'est que, hier, certaines notions acquises sur les choses du dehors s'énuméraient naturellement sous un certain titre. Mais aujourd'hui il paraît nécessaire de changer le titre : qu'on le change donc, et que l'on n'attribue aucune valeur réelle, ni à l'ancien, ni au nouveau.

C'est le résultat pratique, c'est le fait connu qui importe seul. Encore faut-il n'en pas exagérer l'importance.

On doit toujours se souvenir qu'en pareille matière la certitude se limite à son objet immédiat; c'est-à-dire au phénomène et aux conditions constatées. Le résultat définitivement acquis n'autorise pas du tout à prononcer que tel autre résultat ne se produira jamais, car cette décision supposerait une connaissance intellectuelle du monde extérieur. L'impossibilité, dans la science, n'est pas, comme dans l'ordre spéculatif, un irréalisable proprement dit; en d'autres termes, elle n'est pas le contraire d'un absolu que l'intelligence conçoit, elle désigne seulement l'impuissance actuelle à constater un phénomène ou à le produire.

Enfin, pour tout réduire à un mot, nous éprouvons des impressions du monde extérieur, nous arrivons à les prévoir, à nous les procurer, ou à nous en défendre. Tout cela se fait instinctivement et sans effort, pour les choses de la vie ordinaire; il se fait instinctivement aussi pour la science, bien qu'au prix d'un grand effort, et, en réalité, la science qui n'a rien d'intellectuel, ni dans ses procédés d'induction, ni dans ses résultats certains, n'est que le développement de notre instinct du monde extérieur.

IV

Impossibilité pour le savant d'agir sur la réalité extérieure et de la gouverner. Nullité doctrinale de la science. Les découvertes des savants ne peuvent rien ni pour, ni contre aucune doctrine.

Dès lors, la science n'a aucune valeur doctrinale. Elle n'en aura jamais aucune. Les progrès qu'elle pourra faire ne la transformeront pas. Car enfin, la connaissance scientifique, connaissance fatalement extérieure et fatalement aveugle, doit, par la nécessité de sa nature, être toujours infiniment éloignée de la perception intellectuelle. Alors même que cette connaissance extérieure et aveugle s'étendrait à la totalité des phénomènes, il n'y aurait rien de changé dans notre condition. Allons plus loin; tout homme parvenu à l'âge de raison pourrait avoir, sans effort, la connaissance scientifique de l'univers et de tout ce qui s'y passe ; l'intelligence humaine n'en serait ni moins faible, ni moins opprimée par l'imagination ; il nous faudrait toujours accomplir le même effort pour arriver à une conception générale des choses. On échapperait seulement au danger et au ridicule de répéter avec emphase : *science* et *scientifique.* La connaissance complète du monde extérieur possédée sans recherche pénible nous paraîtrait, ce qu'elle est en elle-même : un rien.

D'ailleurs, ni les philosophes, ni les savants n'ont méconnu le néant de la science. Claude Bernard a dit fort justement : « En médecine aussi bien qu'en chimie, il n'est pas scientifique de poser la question du pourquoi... Serait-ce pour se moquer de cette tendance... que Molière a mis dans la bouche de son candidat docteur, à qui l'on demande pourquoi l'opium fait dormir, la réponse suivante : *Quia est in eo virtus dormitiva...* Cette réponse paraît plaisante ou absurde ; elle est cependant la seule qu'on pourrait faire. De même, si l'on voulait répondre à cette question : *Pourquoi l'hydrogène, en se combinant avec de l'oxygène, fait-il de l'eau?* On serait obligé de dire : *Parce qu'il y a dans l'hydrogène une propriété capable d'engendrer l'eau.* C'est donc seulement la question du pourquoi qui est absurde, puisqu'elle entraîne une réponse qui paraît naïve ou ridicule. Il vaudrait mieux reconnaître que nous ne savons pas, et que c'est là que se place la limite de notre connaissance. Nous pouvons savoir comment et dans quelles conditions l'opium fait dormir, mais nous ne saurons jamais pourquoi (1). » Fénelon avait jugé avec la même justesse tous les systèmes de physique : « Si les qualités occultes ne sont que des noms, écrivait-il, les configurations des corpuscules et leurs diverses situations ne sont souvent que des romans de philosophie (2). »

(1) *La Science expérimentale*, p. 57.
(2) A l'abbé de Salignac, 18 mai 1702.

Ce sont là des réflexions que tous les philosophes approuvent, à la condition d'y penser ;
mais comme ils n'y pensent pas suffisamment,
un bon nombre parmi eux, entraînés par on
ne sait quelle mode, assimilent les principes
de la métaphysique à ceux de la science. Voilà
pourquoi on a si souvent donné le nom d'hypothèse à des notions telles que l'existence de
Dieu, la liberté, l'immortalité de l'âme ; on a
cru pouvoir assimiler toutes ces notions, ou
intellectuelles, ou intuitives, aux hypothèses
simplement commodes qui se nomment *attraction, fluide électrique*, etc. Or voici le vice
d'une telle assimilation : le savant imagine un
principe, ou, si on le préfère, une hypothèse
d'une pure utilité pratique, car il n'y a rien
d'intellectuel dans la notion d'attraction, ni
dans celle de fluide ; au contraire, le philosophe,
même quand il se trompe, a conscience de
percevoir intellectuellement. Il serait dès lors
impossible à un philosophe d'accepter l'immor-

talité de l'âme comme une hypothèse d'après laquelle la vie humaine se raconte de la manière la plus plausible et, en même temps, la plus complète. Le philosophe qui l'accepterait ainsi s'oublierait ; il ferait œuvre d'orateur ; il ne chercherait qu'à écrire des discours édifiants et agréables. Mais, en fait, un philosophe conçoit l'univers, de telle manière que l'immortalité de l'âme entre ou n'entre pas dans sa conception ; il ne fait pas d'hypothèses, il comprend ; il a du moins conscience de comprendre : ce qui, pour lui, revient au même.

Enfin, on ne s'est pas contenté de cette assimilation entre la philosophie et la science ; on a exalté la science, on l'a proposée comme modèle à la philosophie. Il a semblé que la spéculation ne pouvait pas se suffire et que, pour mériter créance, la philosophie devait devenir scientifique. On a donc parlé de *Philosophie scientifique*.

Rien, sans doute, n'empêche de philosopher

d'après des phénomènes et d'après des lois, et de donner à ce procédé le nom de philosophie scientifique. Mais M. Spencer, et tous les autres qui ont voulu philosopher ainsi, qu'ont-ils donc fait? Ils ont fatalement plié les phénomènes et les lois aux exigences d'une doctrine spéculative. Quant à la science qui, en elle-même, se réduit à la connaissance extérieure et à l'organisation telle quelle des phénomènes, elle ne favorise ni M. Spencer, ni Spinoza, ni saint Augustin. Dans l'ordre intellectuel, la science n'est rien; dans l'ordre intellectuel, la doctrine pure, vraie ou fausse, domine souverainement; elle fait bien plus que de dominer: elle est tout; elle ne vient pas de la science, mais elle oblige à interpréter la science. Il y aurait autant de raison d'estimer une doctrine d'après la science du philosophe, que d'après les meubles du philosophe. Quoi encore? Le philosophe gêné par la science et le philosophe triomphant par la science, si l'un éprouve réel-

lement de la gêne, et si l'autre triomphe avec
sincérité, peuvent sans doute connaître les plus
subtils secrets des laboratoires ; il leur manque de penser.

Dès lors, dire *philosophie scientifique, psychologie scientifique*, parler avec assurance
des phénomènes et des lois, s'exprimer avec
dédain sur les illusions de la métaphysique,
n'aboutit qu'à multiplier les grandes phrases.
En réalité, tout philosophe expose comme il les
conçoit, l'origine et la nature des choses. Les
décisions de Kant sur, ou plutôt contre la métaphysique, sont une métaphysique. Les affirmations de M. Spencer sur la religion et la
science (1) sont aussi une métaphysique. Il y
a toute une conception des choses, c'est-à-dire
toute une métaphysique, dans ces paroles de
M. Spencer : « La connaissance de l'espèce la
plus humble est le savoir *non unifié ;* la science,

(1) *Les premiers principes,* chap. 1.

le savoir *partiellement unifié*, la philosophie, le savoir *complètement unifié* (1). »

Le seul moyen d'éviter la métaphysique, c'est de s'abandonner au courant de l'existence ; c'est d'agir sans profonde réflexion, d'après ses aptitudes naturelles, déterminées par toutes ces circonstances singulières et compliquées, que chacun subit. Tel grand orateur, tel grand poète, tel grand géomètre peut rester complètement étranger à la métaphysique, aussi étranger que le savant simplement savant. Des hommes de cette sorte se moqueraient de la métaphysique, par mode, sinon par distraction absolue. Les savants qui ne font pas de métaphysique croient peut-être entendre toutes ces choses, si souvent mentionnées dans leurs discours : la vie, l'organisme, la maladie, l'enfance, la vieillesse, la mort. C'est déjà un commencement de métaphysique que de sortir de cette croyance naïve et d'acquérir la conscience

(1) *Ibid.*, deuxième partie, chap. 1, p. 117.

de ne savoir pas. Ce commencement s'étend d'autant plus vite que l'on mettra plus de soin à se rendre compte des connaissances qui, jusqu'alors, avaient été, pour ainsi dire, spontanées. Or, ce travail de réflexion, sur quelque ordre de connaissances qu'il commence à s'opérer, dépasse la science; il s'accomplit par le seul effort intérieur, et s'il se continue assez longtemps, s'il va jusqu'au bout, il produit toute une métaphysique, laquelle ne dépend jamais en rien du détail extérieur constaté par la science. Faut-il, par exemple, admettre, ou non, l'évolution, et comprendre dans l'évolution universelle, l'homme lui-même ? C'est une pure question de fait, une question qui s'arrête à l'extérieur, à la superficie, comme nécessairement doivent s'y arrêter toutes les questions scientifiques. Car enfin, pour un univers où tout se transforme, et pour un univers où les espèces auraient existé immuables depuis l'origine, il sera également indispensable de dire :

Quelque chose existe, donc il existe aussi un absolu qui est la raison définitive de tout ce qui existe. Si on refuse de dire cela, on ne sera pas plus avancé avec l'évolution qu'avec les atomes crochus. L'évolution, ce n'est, en effet, que le changement, et non l'explication réelle du changement. Donc, à supposer qu'il faille admettre l'évolution, rien n'est plus naturel que de l'expliquer par la création toujours actuelle. D'ailleurs, pour le répéter encore une fois, ni cette explication, ni aucune autre, ne saurait dépendre en rien de ce que nous connaissons sur la succession des phénomènes. La valeur de l'explication consiste dans la justesse, dans la clarté, dans l'étendue de la perception intellectuelle, et, sans cette perception, on n'explique pas, on raconte.

Or, quelque chose qu'il raconte, le savant ne peut raconter que des apparences; de même quelque chose qu'il produise, il n'agit jamais sur le réel. Tout ce qu'il peut, c'est de constater la simple existence d'un rapport entre diverses réalités extérieures. Ces réalités, il les met en contact selon qu'il lui paraît convenable de le faire, et puis il est forcé d'attendre et de subir le résultat. Il ne dépend jamais du savant de produire ou d'arrêter l'action réciproque des réalités mises en contact; tout se fait sans lui. C'est là un point absolument incontestable, qu'il suffit de rappeler en un mot. On peut donc, ici, affirmer que la science, ce n'est ni la connaissance du réel, ni la faculté d'agir sur le réel.

Enfin, lorsqu'on ne s'occupe que de doctrine, on n'a jamais un motif de contester aux savants sérieux les résultats directs de leurs recherches; car les savants ne voient que l'extérieur, tel qu'il nous est accessible. Il faut n'éprouver ni surprise, ni crainte, ni joie de leurs découvertes. Les hommes de doctrine d'abord, et, avec eux, les savants, ont intérêt à se rendre compte que l'on ignore tout dans le monde extérieur, et que, s'il n'y a pas toujours du danger, il y a toujours du ridicule à dogmatiser sur le possible et sur l'impossible dans la production et dans les rapports mutuels des phénomènes.

On a fait une grande question de la liberté des recherches scientifiques. Mais, doctrinalement, la science ne compte pas. Donc, il n'y avait pas même à se demander si le savant est libre. La liberté de la recherche scientifique est aussi complète, aussi légitime, et de soi aussi peu importante que la liberté de choisir entre divers procédés de peinture.

Mais cette question a occupé les esprits, parce qu'on a semblé attendre de la science une explication fondamentale de l'univers. Quelques uns n'ont-ils pas cru que la génération spontanée démontrerait l'athéisme ? D'autres, par une semblable distraction, se persuadent que Pasteur a démontré scientifiquement la création. Or, Pasteur a constaté que, dans notre monde, tout vivant est précédé d'un germe. La science ne dit rien de plus. Mais si, demain, d'autres expériences faisaient apercevoir un vivant que nul germe n'aurait précédé, il n'y aurait d'acquis que la constatation simple du fait. L'athéisme n'y gagnerait rien; car ce ne sont pas nos yeux qui peuvent nous faire assister, soit à l'action créatrice d'un Dieu tout-puissant et libre, soit à la production de la vie sans cause réelle préexistante. Après Pasteur, il est toujours loisible à ceux qui le voudraient, de proposer une théorie analogue à celle de Démocrite; et, de même, après la constatation de la génération spontanée, l'intelligence aurait toujours autant de droit d'expliquer par l'acte créateur, inaccessible à nos sens, l'apparition d'une vie nouvelle.

La science est libre. Les savants peuvent chercher sans aucun scrupule; ils peuvent se promettre, pour l'avenir, les découvertes les plus inattendues. Ils arriveront, sans doute, à raconter un plus grand nombre de faits; et ce sera tout. Il n'y aura jamais, pour expliquer l'univers, d'autre ressource que de se faire une métaphysique.

CHAPITRE III

L'ILLUSION DES PHILOSOPHES

CHAPITRE III

L'ILLUSION DES PHILOSOPHES

Tout ce qui précède a établi ce fait fondamental, à savoir que la démonstration philosophique est une conception intellectuelle indivisible complètement développée, à laquelle nul mode de développement ne peut rien ajouter d'essentiel. Mais au développement de la conception intellectuelle se joint presque toujours une illusion trop considérable pour qu'une histoire de la démonstration philosophique ne la raconte pas en détail.

L'illusion dont il s'agit est autre chose que l'erreur doctrinale ; elle n'a même aucun rapport nécessaire avec telle ou telle doctrine, car elle accompagne les doctrines les plus opposées. Son caractère essentiel, qui persiste sous toutes les formes qu'elle revêt, consiste à supposer en chaque philosophe, sinon deux intelligences, au moins deux énergies indépendantes, dont l'une construirait ou percevrait la doctrine, tandis que l'autre, restant étrangère à la doctrine perçue, aurait ainsi le pouvoir supérieur d'exercer un examen désintéressé et de porter une sentence définitive.

Tous les exemples possibles de cette illusion proviennent de deux causes principales. L'une, la plus pauvre et la plus efficace, a été le désir de se rassurer. L'autre, vraiment sérieuse et sans laquelle la première n'existerait pas, peut s'exprimer en ces quelques mots : ce que l'on nomme système ou doctrine représente le degré de connaissance claire auquel un philsophe est arrivé ; or tout philosophe a une connaissance confuse de l'absolu, connaissance infiniment plus vaste que sa connaissance claire ; et, puisqu'il pressent quelque chose au delà de ce qu'il conçoit clairement, le philosophe cherche à se justifier sa conception.

Il a paru bon d'indiquer rapidement ces deux causes ; la seconde, il est vrai, ne serait pas reconnue de tout le monde : mais enfin, les exemples d'illusion qui font le sujet de ce chapitre ne réclament le secours d'aucune théorie fondamentale sur la connaissance. Ils manifestent visiblement la prétention de dédoubler l'intelligence et de la poser hors d'elle-même. C'est à ce titre qu'ils doivent être étudiés.

I

Deux illusions analogues : 1º critérium de la vérité ;
2º possibilité constante de discerner entre la perception
purement intellectuelle, et la perception à laquelle
l'imagination aurait quelque part.

Comme premier exemple se présente d'abord
la croyance d'un critérium de la vérité.

L'intelligence, en effet, qui ferait usage d'un
critérium réel et utile verrait, en dehors de
toute vérité, la règle même de la vérité. Il faudrait, de plus, que l'usage du critérium ne pût
jamais être perverti par les convictions déjà
acquises. Sans ces deux conditions, on parle en
vain de critérium de la vérité; mais avec ces
deux conditions, l'activité qui juge existe en
chacun, à part de l'activité qui pense.

Il a, d'ailleurs, été toujours trop naturel de

se laisser aller à la recherche d'un critérium
de la vérité; car notre intelligence semble ne
pas se suffire ; nous pensons notre doctrine,
et, en même temps, nous pouvons toujours en
chercher la justification. Certes, cela ne signifie
pas qu'un philosophe est exposé, à chaque instant, à hésiter sur valeur de sa conception
fondamentale ; au contraire, l'hésitation ne
lui est pas même possible. Mais tout en con-
servant la plénitude de sa conviction, chaque
philosophe, qu'il le veuille ou qu'il ne le veuille
pas, peut se poser une question comme celle-
ci : ma pensée, que je perçois si claire et si nécessaire, est-elle en moi la perception de l'absolu, et pourquoi les autres n'aperçoivent-ils
pas de la même manière l'absolu qui, en lui-
même, ne varie pas ? Cette question, on peut
la mépriser, ou encore la tenir pour résolue et
passer outre. Mais au moment même où l'on
prend l'un des deux partis, on est en état de
se demander le pourquoi du parti que l'on

prend. Il y a là comme un malaise. Aussi le désir inavoué d'arriver à un état où n'existerait plus la possibilité du pourquoi répété à l'infini, et où l'on redresserait immanquablement ceux qui se trompent, a fait rechercher et a fait accueillir l'appui et le garant qui s'est nommé *critérium de la vérité*. C'était un merveilleux avantage que de se procurer un principe, ou de compter sur un sentiment inévitable qui, l'un et l'autre, exerceraient en nous une influence supérieure à nous-même. On a donc cru acquérir comme une seconde intelligence, faite pour redresser et pour appuyer les pensées de la première. Dès lors, le philosophe n'est plus seul ; et s'il se pose encore la question : ma pensée est-elle la perception de l'absolu ? il y aura le critérium, c'est-à-dire le sentiment ou la seconde intelligence, qui suggérera la réponse et qui en fera reconnaître la justesse. Mais ce critérium, qu'il soit intelligence ou qu'il soit sentiment, agira par lui-même. Il faudra, pour ne pas sentir son action, vouloir s'obstiner.

Sans doute, les philosophes qui ont proposé un critérium n'auraient pas tenu expressément ce langage; ils ont seulement supposé ce que ce langage exprime.

Ainsi, Lamennais était heureux de montrer que, pour faire avouer à un fou sa propre folie, le critérium cartésien ne suffit pas (1). C'était là pour Lamennais un sujet de triomphe; et il ne se contentait pas de bien mettre en lumière comment le fou possède une évidence intérieure qui, bien loin de le détromper, le confirme dans sa folie. L'imagination de Lamennais s'échauffait là-dessus; elle lui persuadait qu'en s'y prenant bien, on suscite en chaque homme une seconde intelligence, ou, ce qui reviendrait au même, on dédouble l'intelligence, et on l'amène à se penser, à s'examiner, et à opérer

(1) *Dialogue entre un Cartésien et un fou.* Essai; Ed. Garnier, t. IV, pp. 144 sq.

sur elle-même une vraie surveillance, un vrai travail de correction. Il avait, lui, ce qu'il reprochait à Descartes de n'avoir pas. Il assurait à l'intelligence un secours extérieur effectif; il croyait que le consentement universel, constaté par le fou, ferait ce que l'évidence cartésienne ne pouvait faire. Et quoi de plus simple ? Chaque fou utiliserait à son usage le secours du consentement universel ; la folie aussitôt disparaîtrait. L'erreur, elle aussi, ne tarderait pas à disparaître ; car chaque philosophe aurait une intelligence pour penser sa propre doctrine, et une seconde intelligence qui, sans s'arrêter à la doctrine pensée par la première, interpréterait le consentement universel, et jugerait avec une juste autorité.

Malebranche, qui, comme philosophe, a une bien autre valeur que Lamennais, croit avec pleine réflexion posséder un critérium infaillible. Pour Malebranche, la perception de la vérité se distingue du sentiment de satisfaction que la vérité connue fait éprouver. Mais, d'ailleurs, ce sentiment auquel tout philosophe aspire se dissipe dès que l'on commence à se tromper. Le problème de l'erreur est ainsi ramené à des termes bien simples : vous vous trompez ; donc, aussitôt, une gêne intérieure vous en avertit ; voulez-vous, au contraire, savoir si vous avez atteint la vérité : examinez-vous, et voyez si vous vous sentez heureux. Le procédé aura toujours un résultat certain. « L'usage que nous devons faire de notre liberté, dit Malebranche, c'est de ne consentir jamais à quoi que ce soit, jusqu'à ce que nous y soyons comme forcés par les reproches intérieurs de notre conscience (1). » Grâce à cette circonspection, on n'aura jamais à redouter les vraisemblances trompeuses, si séduisantes soient-elles ; et même dans les cas où l'on se sentirait « extrêmement porté à consentir à la vraisemblance, si toutefois on prend le soin de

____

(1) *Recherche de la vérité*, liv. I, chap. ii, n° 3.

faire réflexion si l'on voit évidemment qu'on est obligé d'y consentir, on trouvera sans doute que non (1) ». Il insiste encore, et il prononce que, devant la plus extrême vraisemblance trompeuse, « on ne se trouvera jamais si persuadé, qu'on croie évidemment mal faire, si l'on ne consent pas tout à fait (2) ».

Malebranche agira d'après son principe ; aussi, lorsqu'un examen approfondi l'aura conduit à une perception claire, et que le sentiment de satisfaction aura envahi son esprit, il croira, par cela seul, tenir la vérité : « Il est clair, dira-t-il, que l'idée de l'étendue représente une substance, puisqu'on peut penser à l'étendue sans penser à autre chose (3). » De même, sa théorie des animaux machines réunit les meilleures conditions ; elle lui paraît invinciblement claire, et elle le charme. Il ne résiste donc pas, et il prend en pitié le grand nombre

(1) *Recherche de la vérité*, liv. I, chap. II, n° 5.
(2) *Ibid.*
(3) *Recherche de la vérité*, liv. I, chap. X, n° 1.

qui résiste à la douceur de croire les animaux machines (1).

Malebranche fera bien davantage encore; il sera convaincu qu'un Spinoza ment à lui-même et aux autres. Et en vérité on ne doit ni rire, ni s'indigner de ce jugement, ni surtout l'attribuer à une distraction.

C'est un jugement très médité et tout naturel. Malebranche a une certitude définitive et une sécurité bien raisonnée. Il sait qu'indépendamment de l'activité intellectuelle on a aussi une activité de sentiment. Cette seconde activité suscite en nous la conscience d'une satisfaction particulière qu'un instinct secret nous faisait d'abord désirer, et qui est à jamais incompatible avec l'adhésion à une doctrine fausse. Le philosophe n'est donc pas tellement absorbé dans l'exercice de sa pensée, qu'il ne puisse contrôler sa doctrine par une activité distincte

(1) *Recherche de la vérité*, liv. IV, chap. XI, n° 2, vers la fin.

de son activité pensante. Il est l'homme qui pense telle doctrine, et, outre cela, il est l'homme qui éprouve le sentiment de satisfaction. Ce sont là comme deux hommes séparés; or, de ces deux hommes, l'un, celui qui pense, ne peut jamais séduire l'autre, celui qui éprouve le sentiment. En sorte que Spinoza est réellement un « misérable » (1), car il n'a pas pu être « intérieurement persuadé (2) »; ou, s'il l'a été, la chose s'explique par cette « corruption du cœur (3) » qui aveugle. Il ne peut y avoir rien de mieux suivi.

Voici, maintenant, une illusion toute semblable à celle du critérium de la vérité, et que, pour ce motif, il convient d'examiner ici.

Beaucoup de philosophes ont cru qu'il est toujours possible, sinon facile à chacun, de discerner, dans ses propres spéculations, la

(1) *Méditations chrétiennes*, 9e Méd., n° 13.
(2) *Entretiens métaphysiques*, 9e Ent., n° 2.
(3) *Entretiens métaphysiques*, 9e Ent., n° 2.

part de l'intelligence pure, et celle de l'imagi-
tion et de la volonté.

C'est un discernement que Malebranche, pour
son compte, avait la confiance de bien faire, et
que, selon lui, d'autres philosophes ne faisaient
pas assez bien. C'est à eux qu'il pensait en
écrivant cette réflexion : « Les vérités métaphysiques sont sublimes et délicates, et il est difficile à des hommes pétris de chair et de sang
de s'arrêter fermes à la contemplation de ces
vérités. Leur imagination les séduit, et, prenant
pour des principes incontestables, des sentiments qui flattent quelques-unes de leurs passions…, ils se font des systèmes qui renversent
les fondements de la foi (1). » C'est à Spinoza
que cela s'adresse.

Mais, de son côté, Spinoza tient pour infaillible toute intellection proprement dite (2);

_____

(1) *Méditations chrétiennes*, 9ᵉ Méd., nᵒ 14.
(2) *Omnis idea quæ in nobis est absoluta, sive adæquata et
perfecta, est vera.* (*Eth.* 2ᵉ Part. Prop. XXXIV.) *Falsitas
consistit in cognitionis privatione.* (Ib., ib., prop. XXXV).

malheureusement, les hommes confondent *imaginer* avec *comprendre* (1); de là vient qu'ils se trompent. « Les hommes, dit-il, jugent des choses selon la disposition de leur cerveau, et ils les imaginent plutôt qu'ils ne les comprennent. Car, s'ils les comprenaient, elles les attireraient tous, ou du moins, elles les convaincraient (2). »

Il y a, certes, beaucoup de vrai dans ces paroles identiques de Malebranche et de Spinoza; mais ni l'un ni l'autre ne les entendait au sens où elles sont vraies.

Bossuet écrivait en un sens très juste : « Tout ce qu'on entend est vrai. Quand on se trompe, c'est qu'on n'entend pas; et le faux, qui n'est rien de soi, n'est ni entendu, ni intelligible (3). »

La phrase de Bossuet est presque traduite de

Claram rationem infallibilem esse. (*Eth.*, Ire part., prop. XV, scholium).

(1) *Imaginationem pro intellectu capiunt.* (*Eth.* 1re part., appendix, p. 73, édit. de La Haye, 1882.)

(2) *Ibid.*, p. 74.

(3) *Connaissance de Dieu et de soi-même*, chap. 1, n° 16.

saint Augustin, chez lequel on lit ceci : « Quiconque entend une chose autrement qu'elle n'est, se trompe; et quiconque se trompe n'entend pas cela même où il se trompe (1). »

Saint Augustin a parfaitement raison. Mais ce n'est pas que la formule proposée par lui, et reprise par Bossuet, soit plus complète et plus exacte, et qu'avec quelques corrections la formule de Spinoza et celle de Malebranche dussent devenir irréprochables.

Isolées, les quatre formules se valent; et, à part le ton mystique de Malebranche, rien ne ferait deviner l'auteur de l'une d'entre elles. Leur signification est seulement déterminée par le total de l'œuvre d'où on les extrait.

Or, saint Augustin n'eut jamais la prétention de fournir à l'intelligence du philosophe un moyen de se contrôler et de se juger. De plus, l'inspiration générale de ses œuvres est tout

(1) *Quisquis ullam rem aliter quam est, intelligit, fallitur; et omnis qui fallitur, id in quo fallitur non intelligit.* (Lib. LXXXIII Quæstionum, XXXII⸱ quest.)

l'opposé de cette confiance nécessaire pour prononcer, à coup sûr, que telle théorie philosophique est l'œuvre de l'intelligence, et telle autre l'œuvre de l'imagination. On est ainsi naturellement conduit à ne voir dans la formule de saint Augustin que l'expression très juste et très légitime du dogmatisme. Car, pour tout philosophe non sceptique, l'intelligence est la force qui perçoit l'absolu ; d'où il suit nécessairement que l'erreur comme telle, l'erreur toute pure, n'est pas percevable, et qu'enfin l'adhésion à l'erreur n'est pas, à proprement parler, une action intellectuelle.

Sur ce point, tous les philosophes non sceptiques tiennent le même langage. Mais arrive aussitôt la difficulté de fait, c'est-à-dire la difficulté de discerner, en pratique, entre l'action intellectuelle et l'action du sentiment. Cette difficulté subsistera toujours, pour beaucoup de raisons. Saint Augustin le voyait parfaitement ; voici des paroles de lui, bien caractéristiques :

« Il est acquis pour les sceptiques, et pour nous, qu'il faut adhérer à la vérité. Mais, disent-ils, qui la fera reconnaître ? Là-dessus, je n'entreprendrai pas de lutter avec eux. Pourtant, celui qui peut montrer la vérité, vous l'avez désigné, ô Alype ; vous avez dit que, seule, une divinité peut montrer à l'homme ce qu'est le vrai ; votre parole est courte, elle est pieuse. Rien, dans tout notre entretien, ne m'a été plus agréable à entendre (1). » Cette même sagesse se montre partout dans les œuvres de saint Augustin. Malebranche ne la soupçonna guère, et Spinoza l'ignora complètement.

Mais en cet endroit, pour mieux se rendre compte de l'invincible difficulté de fait, il sera bon d'observer, en premier lieu, que la doctrine

____

(1) Necessario placet consentiendum esse veritati. Sed quis eam demonstrabit ? Ibi ego cum illis non curabo certare. — Quis autem verum possit ostendere, a te Alypi, dictum est ! Etenim numen aliquod aisti solum posse ostendere homini quid sit verum, cum breviter tum etiam pie Nihil itaque in hoc sermone nostro libentius audivi. (*Contra Academicos*, lib. III, cap. V, VI, n°s 12, 13.

philosophique la plus fausse possible ne se compose jamais uniquement d'erreurs toutes pures, et en second lieu qu'une doctrine fausse ne se présente pas comme un mélange dans lequel, à côté de vérités réellement perçues par l'intelligence, figureraient, isolées et saisissables, des erreurs toutes pures. Tout se tient dans une doctrine, tout se pénètre; le vrai et le faux y font un même corps; et enfin tout système doctrinal, que ce soit la *Cité de Dieu* ou que ce soit l'*Éthique*, a le même caractère intellectuel. C'est là un fait, explicable ou non, mais c'est un fait qu'il faut reconnaître. Ainsi, Malebranche aurait dû savoir toujours que l'Éthique est une œuvre intellectuelle ; et, à son tour, Spinoza aurait eu à porter le même jugement sur les travaux de Malebranche et, plus encore, sur ceux de saint Augustin.

Il est bien vrai que, chez Malebranche, l'imagination parfois domine : mais là où elle domine on s'en aperçoit sans peine ; on supprimerait ce qui provient de son intervention, et la philosophie de Malebranche subsisterait encore tout entière. On pourrait essayer sur l'Éthique un travail analogue; on verrait que, dans la mesure où l'Éthique s'y prête, ce travail n'y ébranle aucun point essentiel.

Mais lorsque, sous prétexte de signaler un abus d'imagination, on s'attaque à ce qui fait le fond d'un système, le prétexte ne vaut rien. Malebranche et Spinoza avaient tort de prononcer avec tant de sécurité, sur l'imagination et sur l'intelligence. Sans doute, les divergences doctrinales les étonnent ou les effraient, et ils veulent absolument les expliquer par une cause facile à déterminer. Ils sont tout prêts à désigner le mode particulier d'incapacité vulgaire, à cause duquel tel philosophe se trompe. Malebranche écrit comme s'il était vrai qu'avec de la bonne foi et avec une juste application à ne pas opprimer sa propre intelligence, on ne se tromperait jamais. Spinoza s'abandonne à la même illusion. Et leur illusion commune se réduit à croire que, du moment où un philosophe a conscience d'exercer l'effort intellectuel, il l'exerce réellement, et que, par là même, il perçoit l'absolu. Ils jugent l'un et l'autre que l'erreur doctrinale est synonyme d'incapacité proprement dite, ou de bizarrerie, ou de mauvaise volonté, ou de mensonge. Si Malebranche et si Spinoza condamnent une doctrine, ils se rendent facilement compte du motif qui justifie leur sentence; car, dans leur conviction, un philosophe doit s'apercevoir aussi bien qu'un géomètre, s'il s'applique au sujet propre de son étude. Voilà un géomètre qui, au lieu de méditer sur le problème proposé, s'amuse à lire des poètes. Ainsi agit, selon Spinoza, tout philosophe qui ne pense pas la doctrine de Spinoza; et, selon Malebranche, tout philosophe qui ne pense pas la doctrine de Malebranche.

Les paroles déjà citées de Spinoza ont, en effet, ce sens, puisqu'après avoir dit que les

choses comprises « attireraient tous les hommes, ou du moins qu'elles les convaincraient »,
il ajoute : « témoins les mathématiques (1). »

Malebranche n'a pas manqué de produire la
même affirmation : « que ces personnes enne-
mies de Descartes examinent sérieusement si
la vérité n'accompagne pas toujours la géométrie, à cause que les géomètres observent toujours cette règle de ne consentir qu'à des choses entièrement évidentes (2). »

Ces deux phrases, écrites avec une intention
très sérieuse, montrent bien comment Malebranche et Spinoza se complaisent à transformer la réalité. Tout philosophe accusé d'erreur,
et invité à s'examiner lui-même, se sentira bientôt obligé de reconnaître qu'il n'a pas accompli l'effort intellectuel : voilà, certes, ce qui ne
fut jamais; et voilà, pourtant, ce qu'ils désirent.

Il est, d'ailleurs, incontestable qu'en géomé-

(1) *Éth.*, 1ᵉ Part. Append., p. 74.
(2) *Recherche de la vérité*, liv. 1, chap. III, n° 1.

trie, l'effort intellectuel ne se termine pas à l'erreur. Mais cela tient simplement à ce que l'erreur géométrique et l'erreur métaphysique ou doctrinale n'ont pas le même rapport avec notre intelligence.

La géométrie, et en général les mathématiques sont un exercice intellectuel bien limité, que nous accomplissons tous dans les mêmes conditions, en ce sens du moins que deux mathématiciens ne peuvent pas avoir, sur un problème donné, l'intellection de deux solutions incompatibles. Les mathématiciens n'ont pas tous le même génie, la même aptitude à voir clair et à résoudre les questions difficiles; ils ont nécessairement tous, le même mode d'intellection. Il y a bien sans doute, quelquefois, des divergences parmi les mathématiciens; mais lorsque ces divergences portent sur une question essentiellement et uniquement mathématique, elles ne durent pas ; elles n'introduisent jamais dans les mathématiques des systèmes analogues à ceux de la méthaphysique. Les seuls points sur lesquels les mathématiciens puissent discuter indéfiniment et auxquels ils donnent parfois des solutions contradictoires, n'appartiennent pas proprement aux mathématiques. Les mathématiciens qui les abordent font de la métaphysique. C'est ce qui leur arrive toutes les fois qu'ils discutent sur l'espace et sur le temps, sur l'infini, sur le nombre, sur les valeurs négatives et les valeurs imaginaires. Là, ils perdent toute sécurité; ils ne peuvent plus compter que leur sévère exactitude les garantira nécessairement contre toute distraction et contre toute erreur. Ce n'est pas que, par elles-mêmes, les spéculations métaphysiques soient vouées à la contradiction et à l'impuissance; elles sont seulement très vastes et très complexes. Aussi, le même génie supérieur, Descartes ou Pascal, Newton ou Leibniz, qui, sur un point de mathématique, discernera toujours s'il agit intellectuellement, et qui, sans distraction possible, s'apercevra si son effort intellectuel a réussi, n'a plus, dans ses méditations métaphysiques, les mêmes ressources.

Procédant avec une telle sécurité, les mathématiciens ont échappé au souci d'un critérium, et à celui de s'affirmer, à la manière de Malebranche et de Spinoza, que leur doctrine a une origine intellectuelle. Aux mathématiciens, et non pas aux philosophes, il arrive que, dans les seuls cas où ils comprennent, ils ont aussi conscience de comprendre, et ils goûtent le charme de comprendre. C'est dire que, pour eux, la conscience et le charme de comprendre ne sont jamais illusoires. Cela explique comment les mathématiciens n'ont pas transformé l'intellection, et le plaisir procuré par l'intellection, en deux activités différentes et indépendantes.

Mais, au fond, les mathématiciens n'ont aucun avantage réel au-dessus des philosophes. Ils sont infaillibles parce que le sujet de leur étude est borné ; et ce n'est ni leur méthode, ni leur application qui les protège contre l'erreur. Au lieu de parler des mathématiques comme Malebranche et comme Spinoza, il faut avouer que l'intelligence humaine, s'exerçant dans les limites étroites des mathématiques, peut éviter toutes les distractions, mais que dans la spéculation métaphysique, nécessairement infinie, il lui arrivera trop souvent de se tromper, et que si elle se trompe sur l'essentiel, elle n'en sait rien, elle a, au contraire, une vive conscience de posséder le vrai. Il faut enfin, et en un mot, avouer que l'erreur est un mystère.

II

Illusion par laquelle Descartes considère sa doctrine comme étrangère à lui-même, et croit pouvoir la garantir, soit par des principes qui subsisteraient hors d'elle, soit par une pure méthode. — Illusion de Kant sur la possibilité de juger avec autorité la raison humaine, et d'en faire une critique réelle.

Le mystère de l'erreur n'a frappé ni Descartes, ni Kant. Les ouvrages philosophiques de Descartes et les *Critiques* de Kant, notamment la *Critique de la Raison pure*, proposent, sans hésitation, le secret de ne se tromper jamais.

Descartes est dogmatique. Il s'attribue, par privilège, une intelligence qui juge avec autorité et avec indépendance. Il n'y a pas à craindre que rien influe sur elle et détermine son jugement ; elle se sent fort détachée, et d'ailleurs, avant d'adhérer à aucune doctrine, elle les voit toutes, elle les examine ; enfin, elle

choisit. Il faut là-dessus écouter Descartes :
« Pour toutes les opinions que j'avais reçues
en ma créance, je ne pouvais mieux faire que
d'entreprendre une bonne fois de les en ôter,
afin d'y en remettre par après ou d'autres meilleures, ou bien les mêmes, lorsque je les aurais
ajustées au niveau de la raison (1). »

Descartes résume en cette phrase tout le
travail qui, en lui, précéda la formation complète. Ce travail lui paraît très déterminé, sinon très facile. Rien, en effet, de plus déterminé
que l'opération par laquelle une intelligence
encore ignorante, rejette hors d'elle-même ce
qu'elle croyait savoir, et puis, dépouillée de
toute doctrine, examine avec indépendance.
Elle ne sait rien, et pourtant elle sait ; elle est
l'intelligence encore dépourvue : mais dans son
dénûment, elle n'en est que plus forte et que
plus désintéressée. Il existe en ce moment, pour
elle, autre chose que la doctrine ; il existe le

(1) *Discours de la Méthode*, 2ᵉ partie.

pourquoi absolu de la doctrine, un pourquoi indépendant et infaillible, clair, d'ailleurs, pour qui ne sait pas encore, et peut-être d'autant plus clair et plus efficace que l'on se trouve dans une ignorance complète, et qu'ainsi l'intelligence agit, comme force séparée de toute doctrine.

C'est cette séparation entre l'intelligence et la doctrine, qui, dans le *Discours de la Méthode*, dans les *Méditations*, dans les *Principes*, offre à Descartes la seule ressource non-suspecte. Le *Discours de la Méthode* montre Descartes ignorant toutes choses, donc libre de toute influence et capable de bien examiner et de bien juger. Sa force de jugement s'exerce en temps opportun; elle existe isolée, toute prête à l'action. C'est encore cette ressource d'isolement qui permet à Descartes de trancher, en toute sécurité, la question de scepticisme et de dogmatisme. Il ne traitera du scepticisme ni en sceptique ni en dogmatique, car dans les deux cas on manque d'impartialité. Il faut examiner le scepticisme par l'effort d'une intelligence étrangère à tout scepticisme et à tout dogmatisme, mais uniquement soucieuse « de rejeter la terre mouvante et le sable, pour trouver le roc ou l'argile (1) ». Ce qui veut dire qu'une intelligence dépassera la conception sceptique et la conception dogmatique, et que, devenue indépendante, elle aura le droit de décider. Il importe seulement, dans cet état de dépouillement doctrinal, de penser avec netteté et avec précision ; on ne manquera pas alors de trouver « des raisonnements clairs et assurés (2) ». Descartes en eut à son usage ; il s'en servit pour juger ses anciennes opinions, et pour démêler ce qu'elles contenaient d'utile. Il construisit sa philosophie en dehors de lui-même, comme un ouvrier fabrique un meuble. La comparaison n'a rien d'exagéré. Descartes abandonne ses opinions ;

(1) *Discours de la Méthode*, 3ᵉ partie.
(2) Ib., Ib.

il les examine et il les corrige ; c'est ainsi qu'un ouvrier examine un meuble, qu'il le disloque, et qu'avec les débris il en fabrique un autre tout nouveau.

Partout, chez Descartes, on voit à l'œuvre une intelligence pour ainsi dire abstraite, qui vaut indépendamment de ses propres conceptions et de ses propres préférences, et qui, à cause de cela, exerce sur ses conceptions un contrôle proprement dit. C'est cette intelligence abstraite qui, dans le *Discours de la Méthode*, fait revivre en cette manière les conceptions d'autrefois : « Je pris garde que, pendant que je voulais ainsi penser que tout était faux, il fallait nécessairement que moi qui le pensais fusse quelque chose (1). » Évidemment, si l'intelligence de Descartes n'est pas une force pure, toujours identique, pensant autre chose que sa pensée doctrinale actuelle, il s'en suivra que la réflexion exprimée dans le *Discours de la Mé-*

(1) IVe partie.

thode manifeste simplement l'état intellectuel d'un philosophe déjà convaincu; mais cet état diffère nécessairement de tous ceux qui l'ont précédé. Or, c'est dans son dernier état intellectuel définitif qu'il se représente et le doute et les réflexions d'un état antérieur. Et Descartes n'a pas du tout conscience que sa conception actuelle d'un doute disparu ne peut avoir la même nature que sa conception d'autrefois. Il juge maintenant le doute, en philosophe qui ne doute plus; il s'en occupait autrefois en philosophe réduit à chercher. Mais cette différence lui semble ne pas exister; il croit avoir une intelligence qui, exerçant une énergie pure, domine sa doctrine actuelle et ses recherches d'autrefois. Penser maintenant telle doctrine, avoir toujours réfléchi et cherché, ce sont des épisodes extérieurs que l'intelligence de Descartes contemple avec désintéressement et avec sécurité. Elle les a traversés sans se laisser atteindre.

Voici un autre détail très important offert dans la préface des *Principes*. Descartes, fermement convaincu de posséder, en dehors de sa philosophie complète, un garant pour sa philosophie, déclare en termes très exprès, comment les preuves de sa doctrine existent pour lui dans toute leur force, avant même que sa doctrine existât. Il se propose donc d'enseigner des principes qui réuniront deux conditions : premièrement la clarté et l'évidence, secondement la subsistance propre, indépendante de la doctrine qu'ils appuient : « Il faut, dit Descartes au sujet de la seconde condition, il faut que ce soit d'eux que dépende la connaissance des autres choses, en sorte qu'ils puissent être connus sans elles, mais non pas réciproquement elles sans eux. »

D'ailleurs, en écrivant cette phrase, Descartes songe à la connaissance universelle, qui comprend les mathématiques, l'histoire naturelle et la philosophie ou métaphysique. En outre, tout le passage est écrit avec un soin extrême, par un philosophe très soucieux de bien formuler sa pensée. C'est donc une vraie décision philosophique. Elle mérite qu'on s'y arrête, et cela d'autant plus qu'elle rend bien la signification essentielle des ouvrages de Descartes.

Or, en métaphysique, les principes susceptibles d'être connus avant la doctrine elle-même se nomment premiers principes. Il y aurait, certes, bien des choses à dire, et des premiers principes, et en général de tout ce qui passe pour principe d'une doctrine. Ce point a déjà été touché dans le premier chapitre (1). Voici quelques observations maintenant nécessaires, et que rien ne saurait jamais infirmer.

Les premiers principes entrent tous dans cette alternative : ou bien ils ne sont qu'une pure identité, ou bien ils ne sont qu'un résumé de doctrine. Il ne faudrait, pour s'en convaincre,

______
(1) P. 73, sq.

que dresser la liste des premiers principes jugés les meilleurs et les plus significatifs ; on choisirait ensuite, dans cette liste, tel premier principe que l'on voudrait. Ce principe, si on le considère seul, et s'il s'impose également à tout le monde, ne sera qu'une identité. Dites : *il n'y a pas d'effet sans cause ;* tout le monde en convient, parce que tout le monde le prend en ce sens littéral : *tout ce qui a une cause a une cause ;* car enfin, *effet* signifie *ce qui a une cause,* et dès lors l'accord universel existe sur une tautologie. Mais si l'on prétend entendre le principe en un sens plus sérieux, l'unanimité d'adhésion se dissipera. Le sens plus sérieux, en effet, c'est la détermination donnée au principe, détermination après laquelle le principe est un résumé de doctrine. Les principes ainsi sérieux, c'est-à-dire ainsi transformés, ont ce seul avantage de proposer, comme vérité évidente par elle-même, un abrégé de la doctrine qui, précisément, est en question.

C'est toujours une illusion de croire que l'on connaît pleinement un principe, sans connaître aussi tout ce qui en dépend. Mais c'est, ici, plus particulièrement, une illusion de ne voir pas que la même intelligence adopte la doctrine, et qu'elle la vérifie par le principe censé primitif et isolé. Descartes s'ingénie en vain; il ne produit pas plusieurs intellections indépendantes et pourtant utiles l'une à l'autre. Il perçoit à la fois sa doctrine et tout ce qui lui semble en être le garant. Ses principes contiennent uniquement la doctrine qu'il y a mise d'abord. Il a conçu peu à peu ses théories philosophiques; il n'a jamais possédé un principe qui pût *être connu sans elles,* alors que pourtant elles *ne pourraient pas être connues sans lui.* Réellement, il a voulu alléguer en faveur de sa philosophie un pourquoi indépendant, qui aurait subsisté en lui-même. Mais, tandis qu'il s'abandonnait à ce désir illusoire, il sentait bien qu'avant de connaître Dieu on ignorerait jusqu'à la légitimité de l'idée claire : or, connaître Dieu comme Descartes le connaissait, équivaut à connaître toute la philosophie cartésienne, sans pouvoir y établir une distinction fondamentale entre les principes et la doctrine.

Sans sortir, d'ailleurs, de la préface des *Principes*, on voit comment la nécessité des choses oblige Descartes à constater que les principes connus sans la doctrine sont une connaissance nulle. L'exemple est manifeste : Descartes avertit qu'il faudrait parcourir son livre d'abord tout entier ainsi qu'un roman, que si on rencontre des difficultés, on passera outre, puis on se mettra à « lire le livre une seconde fois », et cela, « sans interruption jusqu'à la fin ». Le lecteur n'aura peut-être pas encore bien compris, mais « si on reprend le livre pour la troisième fois, j'ose croire, affirme Descartes, qu'on y trouvera la solution de la plupart des difficultés qu'on aura marquées auparavant » ; enfin, s'il y a lieu, on relira un fois de plus.

Descartes donne à son lecteur un conseil excellent; plus d'un philosophe, sans doute, a dû aussi le donner. Et, en fait, pour connaître une œuvre doctrinale, il n'y pas d'autre moyen que de la comprendre à la fois tout entière. Chacun admet cette vérité pratique, parce que, même sans le vouloir, on a la conscience confuse d'ignorer une doctrine, à moins de saisir par une série d'intellections identiques, et la doctrine, et les principes ou preuves. C'est qu'il ne dépend pas de nous d'avoir, ou de n'avoir pas deux activités intellectuelles. Chaque philosophe n'a qu'une intelligence, et lorsque l'intelligence du philosophe perçoit le principe, elle exerce fatalement la même activité que lorsqu'elle perçoit la doctrine ; elle exerce encore la même activité lorsqu'elle s'efforce de voir comment la doctrine est fondée sur le principe.

Tout ce qui, en dehors de la perception ou de la conviction doctrinale, est allégué à titre de garantie sérieuse, ne signifie rien. Les principes n'ont par eux-mêmes aucune force; la méthode en a moins encore. Il n'y a aucun moyen de trouver un sens raisonnable dans l'affirmation, si chère à Descartes, que les diversités de doctrines proviennent « de ce que nous conduisons nos pensées par diverses voies et ne considérons pas les mêmes choses (1) ».

Évidemment, Descartes n'a pas pu vouloir dire que les philosophes s'attachent à penser des doctrines différentes, et qu'ainsi ils ne pensent pas la même doctrine. Il a bien réellement entendu par méthode, l'ordre selon lequel les pensées sont disposées, et l'application avec laquelle on les dispose. Sa méthode est bien pour lui un procédé. Cela ressort particulièrement de cette phrase : « Je ne voulus point (m'établir dans le doute) que je n'eusse auparavant employé assez de temps à chercher la

____

(1) *Discours de la Méthode*, 1re partie.

vraie méthode pour parvenir à la connaissance de toutes les choses dont mon esprit serait capable (1) ».

Enfin, les quatre fameuses règles ne proposent qu'un procédé. La première semble bien faire exception, mais elle ne donne rien de précis; elle n'est qu'une recommandation de sagesse. Les trois autres indiquent nettement quel procédé il convient de suivre pour découvrir la vérité.

Et Descartes croit cette méthode aussi efficace en métaphysique qu'en mathématiques et en histoire naturelle.

Mais, dans la spéculation métaphysique, la méthode n'a par elle-même aucune valeur doctrinale. Le philosophe à qui on pourrait reprocher d'enfreindre constamment les trois dernières règles serait peut-être un pauvre esprit encore trop peu formé, et peut-être un homme

(1) *Discours de la Méthode,* 2ᵉ partie.

de génie qui travaillerait trop vite, ou qui aurait des intuitions trop subites et qui ne saurait pas condescendre à la faiblesse ou aux habitudes de ses lecteurs. Quoi qu'il en soit, la méthode, bien ou mal observée, ne permet pas de rien préjuger de là doctrine ; car un philosophe est exposé à brouiller ses pensées, soit qu'au fond il voie juste, soit qu'il se trompe.

Il n'est pas vrai non plus que l'ordre suivi pendant la période de formation fasse nécessairement arriver à telle ou telle doctrine. Ce n'est pas pour avoir considéré d'abord, ou la liberté, ou l'immortalité de l'âme, ou l'existence de Dieu, ou toute autre question, que l'on deviendra un Spinoza, ou un saint Augustin. L'ordre des recherches primitives s'établit sans que l'on sache pourquoi, et l'influence de cet ordre, probablement nulle, échappe, dans tous les cas, à notre observation.

Descartes par sa méthode, c'est-à-dire par l'ordre de ses recherches, et beaucoup plus que cela, par la force de sa pensée et par son application soutenue, avait fait des découvertes en histoire naturelle et en mathématiques. Mais l'expérience du naturaliste et du mathématicien faisait du tort en lui au philosophe. Elle rendait l'illusion plus facile pour lui ; elle lui persuadait qu'une philosophie complète se construirait à la manière dont se résout un problème de géométrie. Descartes en arrivait à croire qu'avant de penser sa philosophie il aurait une méthode, et qu'enfin cette méthode serait la créatrice et le juge et le garant de la doctrine.

Plus encore que Descartes, Kant domine et juge. Il se met d'abord, à l'égard des autres philosophes, dans une situation supérieure unique. Il les condamne, en effet, parce qu'ils se contredisent. Mais lui, à son tour, contredisant tous les autres, ne devra pas être réputé un simple contradicteur de plus. Les autres, par leurs contradictions, montrent leur faiblesse; il n'y a que la contradiction émanée de lui qui ne soit pas un indice de faiblesse et d'erreur. On peut énumérer tous les philosophes, Kant excepté, et sans autre examen, conclure de leurs contradictions que la métaphysique n'existe pas encore. La conclusion, très bonne contre tous les autres, ne vaut plus rien contre Kant. Il est au-dessus de la condition commune.

Lui seul a le droit de mettre en regard, sous le titre d'antinomies, les doctrines contradictoires différentes de la sienne. Il les explique et il les juge, sans que d'ailleurs personne, pour compléter le tableau des antinomies, y puisse ajouter la solution même de Kant. C'est que les autres avaient un grand tort : ils étaient ou dogmatiques ou sceptiques ; ils avaient une conception déterminée, nécessairement fausse. Pour lui, il apporte sa conception doctrinale, ni dogmatique, ni sceptique ; conception immuable à laquelle personne n'ajoutera rien :

« La métaphysique, dit-il, une fois placée par la critique dans le sûr chemin de la science, peut achever son œuvre et la transmettre à la postérité comme une possession qui ne peut plus être augmentée (1). »

C'est lui qui créera une pareille métaphysique ; il en a le pouvoir que nul danger d'erreur ne risque de compromettre. Et, en effet, comment se tromperait-il ? il se connaît et il se surveille. Il fait la critique de la raison ; et dès lors, pour lui, la raison humaine devient un sujet d'observation. Or ce sujet, extérieur et inférieur à la puissance qui l'examine, n'en est pas moins connu d'elle par une véritable intuition de conscience. Il importe de bien saisir ceci : Kant s'examine et se juge comme étranger à lui-même ; et il se connaît comme s'il était resté lui-même.

Il commencera « par se poser préalable-

(1) *Critique de la raison pure*, préface de la seconde édition. Traduction Barni, p. 29.

ment ces questions : comment l'entendement peut-il arriver à toutes ces connaissances *a priori*, quelle en est l'étendue, la valeur et le prix (1) » ? A de telles questions, on peut répondre en se racontant, ou bien en se jugeant. Or, se raconter suppose que l'on est et que l'on a conscience d'être, que l'on agit et que l'on a conscience d'agir.

Cette conscience, évidemment, ne rend pas l'être plus parfait, ni l'action plus légitime; elle fait connaître l'action, elle n'en garantit pas la valeur. Kant n'aura donc garde de se raconter; il se jugera. Et pour se juger il réunira deux conditions : la connaissance intérieure de soi-même, ou *consciosité*, et la supériorité ou domination sur soi-même. D'ailleurs, sans ces deux conditions, il n'y aurait pas de jugement assez autorisé. Car la supériorité toute seule, sans la *consciosité*, n'aboutirait qu'à une divi-

_____

(1) *Ibid.* Introduction, p. 52.

nation. Nous sommes, par exemple, supérieurs aux animaux, mais nous n'avons pas conscience de leur manière d'être. Aussi; notre jugement sur leurs affections se ramène à l'analogie, fort douteuse, que nous établissons entre eux et nous. Kant fera mieux que de se référer à une simple analogie. Il verra avec la clarté particulière d'une intuition de conscience, et il prononcera avec la certitude autorisée qu'une intelligence supérieure à l'intelligence humaine peut offrir et imposer aux hommes simplement hommes.

La critique de Kant « peut seule couper les racines du matérialisme, du fatalisme, de l'athéisme, de l'incrédulité des esprits forts, du fanatisme et de la superstition, enfin de l'idéalisme et du scepticisme (1). » Elle sait « comment et de quel droit » (2) la raison est arrivée à la connaissance des principes qu'elle prétend

(1-2) *Critique de la raison pure*, préface de la seconde édition, p. 38.

développer. Elle juge de haut les prétentions de la raison pure et celles de la raison pratique ; elle assigne à chacune des deux raisons sa tâche et ses droits. Elle ne se confond ni avec l'une, ni avec l'autre ; elle dépasse toute intelligence pensante et raisonnante ; elle est une force d'examen supérieure à la force de conception doctrinale. Kant s'identifie avec le matérialiste, avec le fataliste, avec l'athée ; et tout identifié avec eux, il leur reste étranger et supérieur ; c'est alors que sa critique, indépendante de toute doctrine, les juge tous. La sentence qu'il porte ne lui est pas dictée par sa raison doctrinale. S'il condamne l'athée, ce n'est pas que, lui, soit déiste ; et s'il condamne le scepticisme, ce n'est pas non plus que, lui, soit dogmatique. Il est le critique autorisé ; il est l'intelligence pure, infaillible, qui sait pourquoi chaque philosophe se trompe.

Il aime à bien marquer la différence entre sa situation de critique ou de juge, et la situa-

tion des philosophes réduits à ne rien voir que
d'après leur raison doctrinale ; et voici la décision bien tranchée qu'il donne : « Il n'y a que
cette critique qui puisse nous fournir une pierre
de touche infaillible pour apprécier la valeur
des ouvrages philosophiques, anciens et modernes ; autrement l'historien et le critique,
dépourvus de toute autorité, ne font qu'opposer,
aux vaines assertions des autres, des assertions
qui ne sont pas moins vaines (1). » On peut,
en effet, parcourir au hasard les œuvres des
philosophes ; on y verra toujours une raison
doctrinale qui, du seul droit de son existence,
s'oppose aux autres raisons doctrinales. C'est
ainsi qu'Aristote, pour combattre Platon, n'a
que la raison doctrinale d'Aristote. Si on étudie l'*Éthique*, on constate que Spinoza insiste
toujours sur sa propre doctrine, et que, dans les
endroits où il prétend réfuter, il reproduit en

____

(1) *Critique de la raison pure*. Introduction, p. 70.

d'autres termes son même panthéisme. Fénelon, enfin, donne d'abord des preuves directes sur l'existence de Dieu, puis une réfutation d'Épicure et une réfutation de Spinoza ; or, les deux réfutations procèdent de la même raison doctrinale que les preuves directes, et elles enseignent la même doctrine. Tout cela, aux yeux de Kant, n'est qu'un jeu inutile ; car à quoi bon opposer doctrine à doctrine ? Que gagne Fénelon, s'il n'est que lui-même et s'il n'a pas, au-dessus de sa raison doctrinale, une raison critique, que gagne-t-il à réfuter Épicure et Spinoza ? Il s'affirme en face d'adversaires qui, comme lui, ont une raison doctrinale, au nom de laquelle ils ne cesseront pas de s'affirmer. Donc, pour mettre fin aux discussions entre philosophes, il faut une raison critique, mais il la faut indépendante et supérieure.

III

Illusion de Renan au sujet de la séparation entre sa doctrine et son intelligence. — Illusion par laquelle Renan et les apologistes prétendent posséder, pour juger le christianisme, une critique essentielle non déterminée par leurs convictions doctrinales.

Avec Renan, on aura quelque chose de nouveau. Renan déclare, avec une netteté inconnue jusqu'à lui, combien sa raison est distinguée de sa doctrine : « Le premier devoir de l'homme sincère, dit-il, est de ne pas influer sur ses propres pensées, et d'assister en spectateur aux batailles intérieures que se livrent les idées au fond de sa conscience (1). »

La nécessité d'écrire en métaphores et le

(1) *Examen de conscience philosophique* (*Revue des Deux Mondes*, 15 août 1889).

dessein de recommander en termes saisissants la réflexion calme et attentive, ne suffirait pas à conduire un philosophe jusqu'à de pareilles exagérations. Il y a réellement, dans les paroles citées, bien autre chose que l'inexactitude inévitable d'un style figuré. Renan s'est laissé prendre à cette fiction du spectateur imperturbable et du juge incorruptible. Il a parlé de la lutte des idées, en oubliant qu'en lui cette lutte est simplement l'effort de sa propre raison pour se voir telle qu'elle était devenue. Et sans doute, il y a beaucoup de mystère dans l'effort du philosophe qui aspire à comprendre, et aussi dans cet autre effort par lequel le philosophe réussit à connaître son propre état intellectuel. Mais ce n'est pas ce mystère dont Renan s'occupe; sa prétention va plus loin. Renan examine et juge; il a devant lui quelqu'un dont les convictions sont soumises à son jugement et réclament sa sentence. Or, il se trouve que ce quelqu'un n'est autre que le juge lui-même.

Tout le travail critique de Renan sur le christianisme dépend du même principe d'affranchissement intellectuel, ou de supériorité au-dessus de soi-même. Quiconque, se proposant d'écrire sur le christianisme, a déjà une croyance, et notamment la croyance chrétienne, est condamné, selon Renan, à ne rien voir, parce que « le théologien même le plus libéral est toujours, sans y penser, un apologiste (1) », et qu'il vise à défendre ou à réfuter. L'historien, lui, « ne vise qu'à raconter (2) ». Et encore tout le monde ne peut-il pas prétendre au rôle d'historien : « Il n'y a que le sceptique qui écrive l'histoire *ad narrandum* (3). »

Écrire *ad narrandum*, c'est, en effet, en pareille matière, le seul moyen de ne pas se mettre soi-même dans l'histoire. Et, vraiment, une histoire du christianisme ainsi écrite mériterait la confiance de tous ; elle imposerait son

(1-2) *Antechrist*, p. V.
(3) *Les Apôtres*, préface, p. XXIX.

autorité à tous. Ce serait la réalité historique agissant par elle-même, s'exposant aux regards sans l'intervention de personne. Elle aurait bien autant d'énergie pour se faire croire, qu'elle en avait eu pour se montrer.

Mais nulle histoire ne se raconte sans le secours d'un historien. Or, l'historien sérieux procédera sans passion; il s'informera avec un soin scrupuleux; il ne dissimulera rien; il ne fera pas de parodies comme Voltaire; il aura l'intelligence ouverte et l'âme élevée.

Si on accorde que ces conditions suffisent, Bossuet a tous les caractères de l'historien sérieux; et, en définitive, il ne serait ni juste ni sage de les contester à Renan. Mais sur un même sujet, et surtout sur les origines du christianisme, deux historiens sérieux, tels que Bossuet et Renan, donneront deux histoires contradictoires.

Aussi Renan ne se contente-t-il pas des conditions de science, de sincérité et de dignité qu'à bon droit il faut exiger de tous. Lui va plus loin ; il exige de l'historien un scepticisme tout particulier. L'historien sceptique, seul capable d'écrire *ad narrandum*, est une intelligence très clairvoyante, et en même temps affranchie de toute doctrine. La force de réflexion et d'intuition de l'historien sceptique n'est ni exclusive, ni déterminée ; mais l'historien sceptique qui, dans son histoire du christianisme, affirmerait la réalité du surnaturel, aurait, par cela seul, cessé d'écrire *ad narrandum*. Ici, le grand mystère c'est qu'il faut être en dehors de toute doctrine, et, néanmoins, raconter pour l'essentiel, l'histoire du christianisme, comme Renan l'a racontée.

D'ailleurs, les apologistes de la religion ont, à leur tour, affiché dans un sens contraire une exigence aussi forte que celle de Renan. Trop souvent, entre eux et lui, a été échangé le reproche d'écrire l'histoire du christianisme d'après une conviction déjà fixée.

Et l'on n'a pas vu qu'il est contradictoire de prétendre échapper à ce reproche. Le tort de l'historien consiste, non pas à raconter d'après ses convictions, mais à croire qu'il peut raconter autrement. Car enfin, celui qui n'a encore, au sujet du christianisme, aucune conviction arrêtée, est incapable d'écrire une histoire du christianisme; celui-là ne comprendra rien aux documents qu'il consultera; il devra se contenter de faire un recueil contenant le Nouveau Testament, les passages de Suétone, de Tacite, de Pline le Jeune, et enfin les anciens auteurs chrétiens. Mais ce qu'il publiera sera pour lui lettre morte. Il n'aura aucune opinion sur les récits de l'Évangile, ni sur les indications de Tacite. Il ne saura s'il faut se fier à Marc-Aurèle, ou au martyr saint Justin. Il publiera tout, sans rien juger et sans rien comprendre; il éditera, avec une scrupuleuse fidélité, des textes pour lui indéchiffrables. Mais du moment où un seul texte lui deviendra assez intelligible pour que la conduite de Notre Seigneur ou la conduite de saint Paul en reçoivent un sens précis, ce sera fait de son impartialité. L'historien aura désormais sa conviction, et il la suivra toujours. Il donnera, quant au fond des choses, l'histoire selon Bossuet, ou l'histoire selon Renan.

Car, il faut bien l'avouer, écrire *ad narrandum* n'est possible que lorsque les faits n'ont aucune signification essentielle; ou bien encore, pour écrire *ad narrandum*, il faut, de parti pris, négliger la signification essentielle des faits. On écrira fort bien *ad narrandum* un catalogue des variantes offertes par les manuscrits du Nouveau Testament, et, dans cette condition, l'on n'écrira qu'un pur catalogue, dépourvu de tout ce qui pourrait ressembler à une appréciation autre que grammaticale; on ne dira rien sur l'importance historique, et à plus forte raison sur l'importance doctrinale des variantes. On écrira aussi *ad narrandum* un énoncé tout sec de certains événements considérables, par exemple, un tableau chronologique des événements accomplis en France depuis la réunion des États généraux, en 1789, jusqu'au coup d'État de Brumaire.

Voilà, à moins de jouer sur les mots, tout ce que sera une histoire vraiment écrite *ad narrandum*. Elle ne fera connaître ni la Révolution, ni le Nouveau Testament. La Révolution ainsi racontée, c'est une suite de noms et de dates. Les mots *Convention* et *Comité de Salut public* ne signifient plus que deux groupes ; l'historien fait connaître par leur nom les hommes qui composent l'un et l'autre groupe. Les événements se transforment en un simple énoncé : Robespierre ou Carnot, Danton ou Hébert, ont décrété en tel jour, telle mesure ; ils sont morts à telle date, et de telle manière. Il se construit ainsi une longue énumération. On n'a garde, d'ailleurs, de rien juger. On sait de Robespierre les syllabes de son nom ; on désigne les épisodes de son existence par un terme qui ne permet pas d'en caractériser la valeur. Car il faut une histoire purement narrative, que Thiers et Bonald auraient pu composer de concert. Mais si Thiers ou si Bonald venait à s'apercevoir que, dans le travail de son collaborateur, les hommes revivent avec leur volonté et avec leurs passions, et qu'enfin, dans ce travail, la Révolution apparaît comme une transformation sociale en bien ou en mal, celui-là se plaindrait à bon droit de ce que la simple narration a fait place à l'interprétation fondamentale. Or la plainte porterait sur un fait réel.

Ajoutons que le fait est inévitable. Et il y a bien plus, les discussions en pareille circonstance ne peuvent finir, que si les convictions dont elles procèdent ont déjà disparu. Il est, en effet, impossible que les recherches et que les découvertes de la pure érudition construisent à elles seules l'histoire. Les documents

les plus curieux et les plus sûrs témoignent
bien que telle chose s'est passée; mais pour
celui qui veut connaître, c'est-à-dire comprendre la Révolution, il est fort indifférent
qu'à leur arrivée sur le champ de bataille les
volontaires de 92 aient eu aussitôt une attitude héroïque; et il n'est pas moins indifférent que la Terreur ait dressé tel ou tel nombre
d'échafauds. Ici, après la constatation du fait,
il reste à commencer l'essentiel, qui consiste à
trouver la signification du fait. Mais pour cela,
ni la patience ni l'érudition ne font rien. Elles
sont tout au plus l'occasion éloignée, grâce à
laquelle l'historien arrive à voir dans les faits
autre chose que les éléments d'un tableau chronologique. Elles ne sont pas, à proprement
parler, le principe de vie ; car, savante ou
non, calme ou passionnée, œuvre d'un médiocre
ou œuvre d'un puissant génie, une histoire de
la Révolution ne commence d'être qu'au moment où son auteur a une pensée définitive, ou,

à défaut de pensée, un sentiment qui, chez les médiocres, en tient la place. En un mot, une histoire de la Révolution sera toujours et malgré tout l'exposé de ce que l'historien pense sur la Révolution.

Il en est de même pour l'histoire du christianisme, avec une différence pourtant, qui est fort considérable, et qui s'exprime en ce mot : le christianisme implique le surnaturel. Aussi, tandis que la lecture de bons documents relatifs à la Révolution fixera tout historien sur la réalité du fait, les meilleurs documents relatifs à l'histoire du christianisme n'exerceront pas cette même autorité ; cela tient à ce que, dans l'histoire de la Révolution, aucun fait ne renferme en lui seul et n'impose le sens fondamental. Mais bien différente est la condition pour l'historien du christianisme ; les documents qu'il étudie relatent des faits surnaturels, ou impliquant le surnaturel ; il s'ensuit que la date et l'authenticité du document ne suffisent pas à lui conférer, aux yeux de tous, une autorité décisive; personne, évidemment, ne dirait à celui qui attribue à saint Paul les Épîtres aux Corinthiens, qu'il s'oblige par cela même, à croire tout ce que saint Paul y enseigne.

Mais sur ce point on ne se résigne pas à l'inévitable nécessité. Rationalistes et catholiques recherchent la même consolation illusoire et ils se flattent les uns et les autres de n'être pas à la merci de leur propre conviction. Chacun d'eux met donc en face de soi le christianisme, et chacun d'eux se rassure à la pensée que, libre de toute influence, il va enfin l'estimer à sa juste valeur.

Renan procède à cette estimation par son histoire purement narrative, et selon les principes de la *science indépendante*. L'abbé d'Hulst enseigne à y procéder par le moyen d'une critique, identique, au fond, avec l'histoire narrative et avec la science indépendante. Il dit : « Sans recourir à la révélation, et rien

qu'en faisant œuvre de critique, l'apologiste
peut établir la réalité de la vie du Sauveur, de
ses miracles, de sa mort, de sa résurrection,
de ses prophéties connues avant l'événement
et vérifiées par l'événement (1). »

Mais qu'est-ce donc que la critique ? rien,
sinon l'aptitude de chacun à discerner le réel;
or à propos d'un livre tel que le Nouveau
Testament, tant que l'historien n'a pas de conception doctrinale déterminée, il n'a, non plus,
aucune aptitude à discerner si les faits racontés
sont réels ou non.

Cette critique de l'abbé d'Hulst, à laquelle
les convictions doctrinales doivent rester étran-
gères, équivaut à la science indépendante dont
Renan se réclamait en ces termes : « La question du surnaturel n'est pas scientifique, ou,
pour mieux dire, la science indépendante la
suppose entièrement résolue (2). »

(1) *Correspondant*, 25 janvier 1893, p. 209.
(2) *Les Apôtres*, préface, p. LVI.

Mais *critique* et *science indépendante* ce ne sont que fantômes, ou, si on le préfère, ce ne sont que jeux de mots. Car Renan, tant qu'il sera lui-même, niera le surnaturel; et l'abbé d'Hulst, qu'il parle ou non de critique, affirmera la réalité des faits surnaturels racontés dans le Nouveau Testament. Personne, dès qu'il s'agit des origines du christianisme, ne fait œuvre de critique, c'est-à-dire n'exerce son aptitude à discerner le réel, sans être déjà et sans se montrer partout l'homme de telle doctrine.

On ne gagne donc rien à répéter contre les rationalistes, que le christianisme ce sont des faits, ou encore, que le christianisme a une base historique. On crée ainsi des métaphores; on se console peut-être, mais certainement on s'abuse. L'essentiel, en effet, est de savoir si tel fait surnaturel s'est produit. Or, ce fait surnaturel, que ce soit la guérison d'un paralytique ou la résurrection de Notre Seigneur, ne se produit pas maintenant, et l'on n'a pas la res-

source de dire aux incrédules : venez voir de
vos propres yeux. Il s'agit d'un fait surnaturel,
arrivé une fois, il y a dix-neuf siècles. On prétend aujourd'hui faire reconnaître ce fait à tout
le monde, même à ceux qui jugent le surnaturel impossible. Les apologistes, en pareil cas,
s'effraient beaucoup plus qu'ils n'en voudraient
convenir. Ils imitent alors Renan; ils aiment à
imaginer que la conviction sur la nature du
christianisme dépend d'un travail réalisable aux
mêmes conditions pour tout le monde; ils se
rassurent en affirmant que le christianisme ce
sont des faits. Ils se procurent ainsi une équi-
voque agréable; ils pensent que *des faits* c'est
une réalité toujours exposée aux regards des
habiles chercheurs; il devra donc arriver, con-
formément à cette pensée, que tout chercheur
patient, laborieux, versé dans l'étude des anti-
quités et des langues, constatera la réalité des
faits. Or, les faits en question sont surnaturels; les apologistes s'en souviennent dans

d'autres circonstances; mais, dans la circonstance actuelle, ils aiment mieux se figurer que
le fait se constate d'abord comme réel, et puis
comme surnaturel. Ils se créent, au sujet de la
réalité historique et des moyens de s'en rendre compte, la même illusion que Renan au
sujet de la science indépendante. Certainement
Renan n'aurait pas aimé de s'apercevoir que
cette grande expression *science indépendante*
était un synonyme absolu de cette autre expression plus modeste, *les convictions de Renan sur la nature des choses*. Les apologistes,
à leur tour, ne voudraient pas se contenter
d'une critique historique qui serait exclusivement leur critique, ou leur aptitude à discerner
le réel. Renan et les apologistes se mettent ainsi
dans une situation très singulière : eux et lui
sont uniquement préoccupés du surnaturel,
Renan, pour le nier à tout prix, et les apologistes pour en faire accepter la croyance. Mais
Renan se croirait perdu, s'il avouait que son

histoire du christianisme s'identifie avec la négation du surnaturel ; et les apologistes trem-
bleraient, sans doute, pour la religion s'ils di-
saient d'abord, nettement, que le christianisme
ce sont des faits surnaturels. En somme, les
travaux de Renan et ceux des apologistes ne
font que développer ce principe : quelles que
soient ses doctrines, un homme sérieux ne manquera pas, au cours de ses recherches, de voir
telle réalité qui n'est pas encore le christianisme, et parce qu'il l'aura vue il sera obligé d'avoir
sur le christianisme telle conception définitive.

Au moment où finit cette discussion, il est
essentiel d'observer que les réflexions précédentes sur la critique appliquée au christianisme doivent s'entendre en ce sens plusieurs fois
spécifié : il n'est pas possible, dans l'étude du
christianisme, d'exercer une critique affranchie
des convictions doctrinales. Il ne faut donc pas
soulever ici la question sur la vérité du christianisme, ni sur la possibilité d'arriver à la con-

viction chrétienne. L'une et l'autre question est, de parti pris, laissée de côté. Il a été seulement affirmé que, ni Renan, ni aucun apologiste, ni personne au monde, n'a, pour construire l'histoire réelle du christianisme, une puissance critique étrangère et supérieure à sa conception du christianisme. Ici, puissance critique et conception doctrinale signifient nécessairement un même état d'esprit.

Il serait facile d'apporter encore d'autres exemples d'illusion; on en trouve dans presque tous les ouvrages des philosophes. A les lire, on croirait que, pour un philosophe, la doctrine qu'il pense, et qui en réalité exprime toute sa force de réflexion et d'intellection, est quelque chose de secondaire. Le philosophe semble avoir honte de n'être qu'une intelligence déterminée selon telle doctrine. Il parle de principes, ou de preuves, ou de méthode; tout cela lui paraît plus clair et plus ferme que sa doctrine. Il lui est agréable de dire que sa doctrine est vraie, parce que telles preuves la démontrent.

Ce mot vulgaire *preuves* résumerait en lui seul toutes les illusions; s'il s'agissait de le faire voir en détail, il faudrait répéter tout ce qui a été dit au sujet du critérium de la vérité, et de la méthode, et de la critique, et de la science indépendante. En fait, on voit telles preuves, parce que l'on a telles convictions. Le philosophe qui prouve sa doctrine ne fait pas autre chose que de la penser exactement et de se l'affirmer. Pourtant, il ne serait pas juste de prendre les preuves pour de pures subtilités imaginées après coup. Le philosophe n'est pas l'homme entêté qui cherche des prétextes pour justifier son entêtement. Il est, avant tout, l'intelligence qui perçoit telle doctrine, mais il n'est rien de plus. Il faut toujours répondre au philosophe qui expose ses preuves : vous percevez sous divers aspects votre doctrine, et vous formulez en termes différents votre conviction partout identique.

Il en est, enfin, de la philosophie comme de la civilisation et comme du bons sens. Une philosophie représente toute l'intelligence du philosophe, et elle la représente absolument au même degré où le bon sens représente toute une force de juger, et où la civilisation désigne toute une conception plus ou moins instinctive de l'existence humaine. Il est parfaitement impossible à l'homme civilisé de sortir de lui-même pour contrôler la civilisation; il ne connaît et il ne juge la vie humaine que par son sentiment de civilisé; il ne peut pas faire abstraction de ce sentiment, il ne peut pas l'examiner; il en prendra une conscience plus forte et plus nette, et ce sera tout. On n'espère pas, non plus, que l'homme sensé possède jamais une autre ressource que son bon sens même, et qu'il use de cette ressource pour se prononcer sur la valeur du bon sens. Telle est aussi la condition du philosophe. Il n'a, comme force intellectuelle effective, que l'aptitude à penser sa doctrine.

CHAPITRE IV

EFFICACITÉ

DE LA

DÉMONSTRATION PHILOSOPHIQUE

CHAPITRE IV

EFFICACITÉ DE LA DÉMONSTRATION PHILOSOPHIQUE

Un philosophe consacre l'essentiel de son effort à se représenter nettement sa conception. Pourtant, même dans le cas où il n'aurait aucun souci de persuader, il expose sa conception avec l'assurance que sa conception est vraie et qu'elle devra le paraître.

Mais en philosophie l'exposition doctrinale la plus claire, la plus vraie, et la mieux raisonnée, n'est pas nécessairement l'exposition efficace. On peut, au moins dans un cas, affirmer que son efficacité sera nulle ; on ne peut jamais indiquer à coup sûr que, pour telle circonstance précise, l'efficacité sera réelle. Elle pourra, d'ailleurs, l'être souvent et en diverses manières.

I

Inefficacité de toute démonstration dirigée contre un philosophe de génie. Pour lui, la seule raison est sa raison propre, déjà déterminée à penser telle doctrine.

Le cas unique d'inefficacité certaine, c'est celui où une exposition doctrinale est dirigée contre un philosophe de génie, dans le dessein de lui faire abandonner ses doctrines. Quiconque, en effet, a pu créer une de ces œuvres philosophiques qui comptent n'a plus jamais varié, au moins sur l'essentiel; il a manifesté dans son œuvre une pensée désormais immuable; il s'est senti désormais inaccessible à toutes les démonstrations qui le condamnent.

Voici l'explication de ce fait :

Dans le langage humain, le terme *intelligence* ou *raison* a des significations bien différentes. La raison, s'il s'agit de la raison de tout le monde, ce n'est guère qu'un sentiment confus du vrai ; mais s'il s'agit de la raison des philosophes, et notamment de ceux qui, parmi eux, ont eu le génie créateur, la raison est alors la force individuelle qui pense une doctrine déterminée et qui ne peut penser comme vraie que cette doctrine.

Cette force, d'ailleurs, peut, au moment où elle s'exerce, percevoir réellement l'absolu, ou s'abandonner à l'illusion. Mais là n'est pas la question ; car, qu'elle perçoive ou non l'absolu, une raison humaine agit en vertu de ce qui est, à ce moment, son énergie propre.

Le dogmatisme n'a ici rien à craindre, et le scepticisme ne saurait se prévaloir de rien.

L'absolu, en effet, ne se révèle pas comme un maître que l'on voit à côté de soi, et que l'on a la ressource d'interroger. Malebranche a écrit

un jour : « Il vaut infiniment mieux que ce soit
la raison qui nous dise (telle chose) à tous deux.
Consultez-la sérieusement, et j'y penserai de
mon côté (1). » Mais, certainement, ni Malebranche, ni aucun dogmatique n'aurait jamais
accepté l'interprétation littérale de ce langage;
et pourtant, dès que l'on refuse d'avouer que
la raison habite une demeure connue de nous,
dans laquelle elle nous reçoit pour nous écouter et pour nous instruire, on reconnaît qu'il
n'y a pas, pour nous, d'autre raison que la force
intellectuelle propre à tel ou tel philosophe.

Ainsi, les appels à la raison comme à une
force distincte de nous, et toute prête à communiquer avec nous, sans devenir par là même
notre propre sentiment du vrai, ne s'adressent
qu'à un fantôme. Chacun de nous, en invoquant
la raison, n'invoque, en fait, que son propre
sentiment du vrai, ou que sa propre intuition
du vrai. Mais ce sentiment ou cette intuition,

(1) *Entretiens métaphysiques*, fin du Ve Ent.

qu'ils soient réels ou illusoires, n'en sont pas
moins la seule force que, sans excès de langage,
on puisse proposer à quiconque serait curieux
de communiquer avec une raison différente de
sa propre raison individuelle. Il suffit de con-
verser avec un philosophe, ou, simplement, de
lire les œuvres d'un philosophe, pour avoir
conscience d'être deux : soi-même et tel philosophe ; mais quiconque communique avec l'absolu n'a pas ainsi conscience de se trouver avec
un autre, et il ne peut pas dire : nous sommes
deux, l'absolu et moi. On ne peut donc désigner,
dans l'humanité, une raison réelle qui ne soit,
ou un sentiment individuel du vrai, ou une intuition individuelle du vrai. Mais les hommes
chez qui ce sentiment est le plus vif, ou cette
intuition la plus claire, sont aussi ceux chez
lesquels, et ce sentiment, et cette intuition ont
un caractère plus individuel et plus incompatible. En effet, la seule raison humaine effective,
la seule qui, réellement, discute les questions

doctrinales, c'est toujours telle ou telle raison individuelle, parvenue enfin à son plein développement; c'est la raison qui s'appelle S. Augustin, ou Spinoza, ou Kant, ou quelque autre philosophe. Et parmi toutes ces raisons, la plus effective ce n'est certainement pas celle d'un Nicole. Il y a, d'ailleurs, un fond commun à toutes; aussi n'est-ce pas sans motif que l'on dit *la raison humaine*. Il faut, cependant, veiller à ne pas personnifier ce mot; car *la raison humaine*, si elle n'est pas la raison de tel homme actuellement capable de penser par lui-même une doctrine, n'a philosophiquement qu'une valeur bien secondaire et peut-être nulle. Ainsi, le fond commun à toutes les raisons n'arrive à être utilisé que par une raison déjà formée, c'est-à-dire déjà individuelle et exclusive.

Maintenant, comment une raison se forme-t-elle? Pourquoi tel philosophe est-il saint Augustin, et tel autre Spinoza; ou encore, pourquoi tel philosophe est-il Spinoza et tel autre Kant?

Ce sont là des questions humainement inso-
lubles; il n'y a pas à les examiner. Mais, quel
qu'il soit, un philosophe est essentiellement une
certaine intelligence ou une certaine raison
active. Voilà son caractère propre, par lequel il
se distingue des autres génies supérieurs. L'artiste et le poète se définiraient par le sentiment:
le philosophe se définit par la raison. Tout ce
qui, chez le philosophe, semble s'ajouter à la
raison se ramène en fait à la raison ou ne possède aucune importance. Le philosophe, en tant
qu'il a conscience de son action, exerce une
activité intellectuelle. Il se rend compte intellectuellement et il sait qu'il se rend compte. Telle
est l'activité de Bossuet aussi bien que celle de
Spinoza. Seulement la perception intellectuelle
du philosophe n'équivaut pas à la claire vision
complète et absolue. Il y a du mystère dans
toutes les doctrines philosophiques; et trop peu
de philosophes ont su, comme saint Augustin et
comme Bossuet, s'en apercevoir et en convenir.

Mais le mystère n'ôte pas à la doctrine son caractère intellectuel; il n'impose pas au philosophe un acte de foi. Le philosophe créateur a une conception de l'univers. Sa raison, en pleine possession d'elle-même, contemple son propre monde intelligible. Elle agit avec une plénitude de force. Alors même que le détail de cette activité intellectuelle échapperait à l'observation, il resterait visible que, chez le philosophe, la raison agit toujours. On parle beaucoup, aujourd'hui, de la croyance; mais la croyance, au sens propre du mot, ne fait rien et ne peut rien dans un esprit philosophique. Il n'y a pas, en effet, de disposition intérieure qui s'accorde moins que la croyance avec le mode d'activité du philosophe, et qui convienne moins avec la manière d'être d'un Spinoza, d'un Descartes, d'un saint Augustin. Il n'est ni vrai, ni possible qu'un philosophe commence par un acte de foi, par une adhésion de pure préférence ou de pur sentiment et qu'à cet acte une fois accompli

il ajoute le travail intellectuel propre à le justifier. Les choses ne se sont jamais passées
avec cette simplicité naïve. Un philosophe ne
s'est jamais fait une raison d'après ses préférences. Mais il est vrai que le philosophe comprend et qu'il préfère sa doctrine; or, quoique
cela s'exprime en plusieurs mots, cela ne désigne pourtant qu'un même acte, ou, si on le
préfère, cela ne désigne qu'une manière d'être,
dans laquelle il est impossible de discerner des
différences réelles. On ne peut, en effet, comprendre, sans comprendre comme vrai. C'est
au point que, constater l'erreur fondamentale
d'une doctrine, ce n'est que constater l'impossibilité où l'on se trouve de penser proprement
cette doctrine. Là où il n'y a pas adhésion à la
doctrine, il n'y a pas non plus intellection proprement dite. Aussi, de la part d'un philosophe,
adhérer à une doctrine, la comprendre, persis-
ter malgré tout dans une conviction intellectuelle, sont une seule manière d'être; et pour

exprimer cette manière d'être, il n'y a que le mot *activité intellectuelle*. Mieux vaudrait en réalité ne rien dire des philosophes que d'en faire à quelque titre, des croyants; car enfin, la foi chez eux ne pourrait signifier, ni la soumission naïve à une autorité, ni l'abandon actuel de soi-même à une influence. Les mots croyance et foi, pour s'appliquer à un philosophe, devraient perdre leur juste signification ordinaire. Ils la perdraient tout à fait à l'égard de saint Augustin qui, pourtant, reconnaît une autorité doctrinale supérieure à la raison humaine. Car, pour lui, reconnaître une telle autorité, ce n'est pas, le moins du monde, se faire violence pour s'empêcher d'adhérer à ce qu'il comprend; c'est simplement reconnaître que la vérité absolue s'est manifestée, et qu'elle peut toujours se manifester aux hommes. Il faut donc ne pas prétendre expliquer par la foi, par une foi réellement distincte de l'activité intellectuelle, la manière d'être d'un philosophe tel que saint Augustin. Mais ce qu'il faut dire de lui, c'est que, grâce à des circonstances mystérieuses, il a l'intelligence chrétienne. Après quoi il n'y aurait que le nom propre à changer, et on dirait tout aussi bien de Spinoza que, grâce à des circonstances mystérieuses, il a l'intelligence panthéiste. On peut insister tant qu'on voudra sur ces circonstances. On peut affirmer, et certes avec toute raison, que, sous l'empire de circonstances différentes, ni saint Augustin n'aurait acquis l'intelligence chrétienne, ni Spinoza l'intelligence panthéiste. Il y aurait à faire, sur ce sujet, des recherches infinies. Or, à mesure qu'on les pousserait davantage, on trouverait un plus grand nombre de détails mystérieux ; on se sentirait toujours plus éloigné de voir nettement pourquoi l'intelligence de saint Augustin se détermina comme intelligence chrétienne, et celle de Spinoza comme intelligence panthéiste. Il est seulement certain, et chacun le peut constater à loisir, que des œuvres comme *la Cité de Dieu*, *l'É-thique*, *la Critique de la Raison pure*, manifestent une originalité intellectuelle et une puissance intellectuelle.

C'est cette puissance qui jamais ne fléchit, et qui jamais ne se transforme. Le vrai philosophe ne peut voir qu'à sa manière. Si donc il examine un système doctrinal contraire au sien, il a invinciblement conscience de contempler une conception incompatible avec celle en qui sa raison s'est en quelque sorte personnifiée. Mais sa raison créatrice est pour lui la seule raison, elle s'anéantirait plutôt que de changer. Elle n'a de force que pour voir comme elle fait. Il ne faut ni attendre d'elle, ni lui proposer avec confiance une autre manière de voir, car ce serait lui proposer un mode d'activité différent. Or, tout autre mode d'activité l'obligerait d'abord à perdre sa détermination propre ; ou, pour le dire mieux, tout autre mode d'activité exigerait qu'elle cessât d'être elle-même, et qu'elle se transformât en une raison différente. Mais les changements de cette sorte ne se produisent pas. L'ordre naturel des choses ne permet pas plus à Spinoza de devenir Fénelon, qu'à Fénelon de devenir Spinoza. Ne pensons pas, d'ailleurs, à un changement aussi profond. Spinoza et Kant n'agiront pas non plus l'un sur l'autre, jusqu'à se transformer.

Rien ne peut atteindre un philosophe; rien ne le réduit à n'avoir plus la même fermeté, le même calme, enfin, la même vision intellectuelle. Spinoza avait entendu tout ce qu'il est naturel de dire sur les contradictions de l'Éthique. Mais ces contradictions apparaissent naturellement, et légitimement d'ailleurs, à quiconque n'est pas spinoziste; elles n'existent pas pour Spinoza; et, au contraire, Spinoza voit avec une clarté invincible sa propre doctrine, vraie partout et partout cohérente. Ce qu'il lui est naturel, à lui, de dire, c'est ceci : « Les hommes, s'ils réfléchissaient sur la nature de la substance..., entendraient par substance ce qui est en soi-même, qui se conçoit par soi-même, c'est-à-dire ce dont la notion ne repose pas sur la notion d'une autre chose (1). » Spinoza n'a jamais rien écrit de plus sincère que cette phrase. Pour lui, en effet, il s'agissait du fond même de sa doctrine; or il n'avait garde de voir la contradiction intime qui la soutient, mais au contraire il avait en ce moment une conscience plus vive de penser juste, et ainsi il savait que la réflexion bien soutenue et bien conduite se terminerait à l'intellection panthéiste. Bossuet, dans une circonstance analogue, disait, après saint Augustin, que, peut-être, il traduisait sans le savoir : « Les plus grands hommes ne peuvent

______

(1) Si autem homines ad naturam substantiæ attenderent minime de veritate 7ᵃ prop. dubitarent ; imo hæc propositio omnibus axioma esset et inter notiones communes numeraretur; nam per substantiam intelligerent id quod in se est, et per se concipitur, hoc est id cujus cognitio non indiget cognitione alterius rei » (Ethic. 1ᵃ part. scholium II, prop. VII).

tout voir si Dieu n'étend leurs vues, elles sont toujours courtes (1) ». Et ces paroles de Bossuet ne sont pas du mysticisme ; de même que celles de Spinoza ne sont pas de l'obstination. Ici, Spinoza et Bossuet montrent par leur exemple que les philosophes les plus opposés ont l'intelligence également exclusive, et qu'ils se trouvent également hors d'état d'éprouver quelque hésitation sur l'essentiel de leur doctrine.

(1) Bossuet à Ferry , 28 octobre 1666 (Œuv. comp. Lachat, tome XVII, p. 345).Cujus modi enim libet excellant ingenio nisi Deus adsit humi repunt (Saint Augustin, *De utilitate credendi*, c. x, n. 24).

II

Efficacité possible de la démonstration philosophique, à l'égard des philosophes d'un génie secondaire.

Mais à côté des philosophes que la force supérieure de leur intelligence rend immuables aussi bien dans l'erreur que dans la vérité, il y a les autres, en grand nombre, qui sont susceptibles de subir une influence. Or, les autres forment une classe d'hommes qui s'est exercée à diverses recherches intellectuelles. Mais tandis que les philosophes créateurs voient par eux-mêmes, les autres n'arrivent pas à cet état dans lequel l'intelligence est à elle-même sa propre lumière ou, si on peut le dire ainsi, est devenue tel mode d'intellection individuelle et indépendante. Ils ont une doctrine qu'ils savent interpréter et parfois modifier, mais cette doctrine n'est pas leur œuvre. Aussi, la raison décisive pour laquelle ils la préfèrent, c'est que leur volonté l'accepte du dehors, autant et peut-être plus que leur intelligence ne la conçoit. Ils en sont encore à subir l'influence de ce qui, pour eux, a le privilège d'opinion reçue. Ils montrent d'ailleurs à l'égard de leur doctrine une ardeur qui ressemble à celle du croyant. Le philosophe créateur se tient à ce qu'il comprend; ils se tiennent, eux, à ce qu'ils ont appris. Ils procèdent en disciples. Leur intelligence reçoit d'abord, et puis elle reproduit, sans la créer à nouveau, la doctrine adoptée. Enfin ce sentiment, qui les fait adhérer à la doctrine créée par autrui, remplace chez eux l'originalité et la force créatrice de l'intelligence.

Voilà pourquoi la plupart des œuvres suscitées par quelqu'une des grandes influences philosophiques qui ont dominé à diverses époques, ressemblent à un enseignement par formules d'autorité. Que l'on prenne, par exemple, un travail de scolastique du dix-septième siècle, un des nombreux ouvrages cartésiens écrits depuis 1660, enfin un de ces livres si fréquents inspirés de nos jours par la philosophie scientifique : on trouvera, dans ces trois sortes d'ouvrages, la manifestation d'un même état d'esprit. La conviction du scolastique, du cartésien et du scientifique repose sur une certaine autorité extérieure. Le scolastique répond à des objections, en alléguant tantôt la doctrine de l'École, tantôt l'autorité d'Aristote ; c'est, pour lui, une manière de philosopher, la plus simple et la plus nécessaire. Le cartésien se moque de l'École, et il ne suppose pas que l'on ait pu croire sans folie des principes dont tous les cartésiens se moquent. Le scientifique donne raison de tout, avec « science moderne », « évolution », « hérédité », « lutte pour la vie » ; il a tout dit, lorsqu'il a déclaré *non scientifique* une doctrine dont il ne veut pas. Enfin, ils procèdent tous avec cette sécurité particulière, qui provient du sentiment d'avoir fait comme tout le monde.

Il est donc inévitable que, le jour où une intelligence puissante se manifestera, elle exerce sur tous ces philosophes un sorte de domination. Ils ne sont absolument, ni invincibles, ni indociles. Leur intelligence, bien qu'assez développée pour comprendre et pour discuter les questions de doctrine, n'a pas assez de force créatrice pour ne savoir et pour ne pouvoir les comprendre et les discuter qu'à sa manière. Il leur re te, que ce soit pour leur bien ou pour leur mal, la faculté d'écouter ; ils peuvent, là où ils n'ont pas vu par eux-mêmes, arriver à voir ce qu'on leur montre.

Ce serait peu, d'ailleurs, que de pouvoir uniquement étendre les limites de leur vision intellectuelle. Non seulement ils verront davantage, mais si l'influence qui agit sur eux l'exige ainsi, ils arriveront peut-être à se transformer. Quelque chose d'inexplicable se passera chez eux; ils acquerront une détermination intellectuelle différente; ils deviendront tout autres.

Mais il ne faut pas demander comment cela se fera; il ne faut pas même se tenir assuré qu'à tel moment et chez tel philosophe, cela doive se faire. L'efficacité du raisonnement s'exerce, on ne sait guère à quelles conditions. Voilà des philosophes susceptibles de ressentir la domination d'une intelligence supérieure qui les contredit : est-ce donc que la contradiction va tout de suite les transformer, ou du moins les abattre? Peut-être n'arrivera-t-elle pas même à les effrayer. Mais, quoi qu'il en soit, elle les atteint ; et, à défaut d'autre résultat, elle leur procure un étonnement analogue à celui qu'éprouverait l'homme brusquement transporté en pays inconnu.

Ce qui les contredit, erreur ou vérité, a

presque les mêmes chances de les atteindre et de les convaincre. Car les intelligences qui se laissent ébranler ont autant d'aptitude à s'abandonner qu'à devenir plus clairvoyantes et plus fermes.

Il dépend d'une secrète disposition intérieure, que leur résistance ou que leur adhésion soit, plus ou moins, la résistance ou l'adhésion d'une intelligence philosophique. Sans doute, la vérité nettement manifestée devrait toujours être comprise, ce qui signifie, devrait toujours être adoptée. Mais tant de causes ignorées, qui ne sont pas la pure activité intellectuelle, peuvent, dans ces circonstances, exercer une action décisive. Les uns repoussent la vérité ou l'erreur, parce qu'ils ne veulent pas être troublés dans leurs préférences ou dans leurs habitudes, et que, d'ailleurs, ils ne discernent pas entre comprendre et être sous l'empire de l'usage. Les autres résistent, parce qu'à tort ou à raison ils ont conscience de connaître la vérité ; chez d'autres encore l'impression produite par une doctrine nouvelle, vraie ou fausse, avive le sentiment du vrai ; enfin, la curiosité et un certain goût instinctif pour ce qui est nouveau contribuent aussi au résultat.

III

Impuissance de toute démonstration philosophique à ins-
tituer une doctrine, ou à ruiner définitivement une
doctrine.

En somme, la démonstration philosophique
n'a jamais pour résultat certain et définitif, de
faire accepter à toutes les intelligences un symbole doctrinal. Leibnitz se trompait en écrivant :
« J'espère que mes démonstrations feront changer de face à la philosophie, malgré les faibles
contradictions telles qu'on m'oppose (1). »
Kant se trompait plus complètement : « La
métaphysique, suivant les idées que nous en
donnons ici, disait-il, est, de toutes les scien-

(1) *Correspondance avec Clarke.* Œuv. Phil. — Edit. Janet,
tome II, page 655.

ces, la seule qui puisse se promettre... une si complète exécution, qu'il ne reste plus à la postérité autre chose à faire qu'à disposer le tout d'une façon didactique... sans pouvoir en augmenter le moins du monde le contenu (1). »

Au sens où l'entendaient Kant et Leibnitz, la constitution et l'enseignement efficace d'une métaphysique invinciblement intelligible pour tous sont irréalisables. Il vaudrait mieux, évidemment, que la vérité fût connue de telle manière que tout le monde l'adoptât et y restât fidèle. L'originalité des philosophes n'y perdrait rien. Saint Thomas et Bossuet, pour être venus après saint Augustin, n'ont pas pour cela une originalité moins puissante; car l'originalité n'exige pas la création d'une doctrine autrefois insoupçonnée; elle consiste uniquement à penser par soi-même. Or, les philosophes en

(1) *Critique de la Raison pure.* Introd., t. I, p. 14. Traduct. Barni.

état de penser par eux-mêmes ne seront jamais unanimes à juger que toutes les questions fondamentales sont résolues, et qu'il est impossible, lorsqu'on les conçoit bien, de modifier essentiellement la solution acquise. Il n'y a que les mathématiques qui, de l'aveu commun, soient un corps de vérités, auxquelles de nouvelles vérités peuvent sans doute se joindre, mais sans contredire ni modifier essentiellement les premières.

En philosophie, au contraire, le définitif comme symbole, le définitif qui s'enseigne précisément, et dont personne ne discute plus un seul détail, ce ne peut être, tout au plus, qu'un corps d'observations, tel que l'*organon* d'Aristote. Supposons que la *Critique de la Raison pure*, au lieu d'être une vraie métaphysique, eût été, comme l'*organon*, une simple histoire de l'intelligence; elle n'aurait eu, cela est certain, qu'une valeur fort inférieure; mais aussi il aurait pu arriver qu'elle donnât une histoire jusqu'alors inaperçue et enfin débrouillée pour jamais. Kant aurait eu raison, dans ce cas, d'affirmer que nécessairement on tiendra compte de sa découverte et qu'on se la transmettra telle qu'il la propose.

Mais, pour la doctrine, on ne peut se promettre rien de semblable. Kant, malgré sa confiance, n'a, pas plus que les autres, légué aux philosophes un symbole indiscuté. Les aspirations de la nature humaine vers l'absolu ont eu, depuis Kant la même nécessité et la même énergie. Et non seulement les aspirations persistent, mais les ressources pour philosopher restent toujours les mêmes. *La Critique de la Raison pure* n'a doctrinalement rien fondé, ni rien détruit. Elle a seulement manifesté le scepticisme particulier à Kant. Ça été une manifestation fort importante, capable de produire des résultats durables, et, si l'on veut, définitifs; mais, encore une fois, ces résultats n'équivalent ni à l'institution d'un symbole philosophique, ni à la destruction sans retour d'aucune doctrine philosophique antérieure. Kant a exprimé avec une singulière force de génie des théories sceptiques; il a dit, plus puissamment que personne, comment notre conscience d'exister ne prouve pas notre existence et comment notre conscience d'être libres ne prouve pas notre liberté; il a dit tout cela, sans ajouter aux affirmations ou aux considérations des sceptiques rien de nouveau, sinon la puissance de son génie. Il n'a pas fait, et il ne faut demander à personne de faire à propos de la liberté, ce que fit Pascal à propos de la cycloïde, et ce que fit Leibnitz à propos du calcul différentiel. Il n'y a pas de place, en pareille matière, pour une découverte que tout le monde jugerait définitive, et qui mettrait fin à toutes les discussions.

La pensée philosophique, à quelque époque qu'elle se produise, est essentiellement une pensée qui s'appartient à elle-même ; il existe toujours pour elle, au fond, la même possibilité de s'égarer et aussi la même possibilité d'atteindre la vérité absolue. Kant n'a pas légué de symbole; saint Augustin n'en a pas légué non plus. Rien ne peut guider efficacement le philosophe qui commence à prendre conscience de sa force intellectuelle; et de même rien ne peut le gêner, rien ne peut l'empêcher de devenir celui que, spontanément, il devient. Chaque philosophe recommence pour son compte la philosophie; c'est-à-dire, chaque philosophe pense comme il lui est naturel de penser ; or, nulle découverte philosophique n'empêchera qu'il soit un jour naturel à quelqu'un de penser soit en philosophe chrétien, soit en panthéiste, soit en quelque autre manière.

D'ailleurs, l'inefficacité de la démonstration philosophique n'est qu'un fait dont les sceptiques ne peuvent rien conclure. Car de ce que certaines intelligences résistent, il ne s'ensuit pas qu'elles aient toujours raison, ni qu'elles aient toujours tort de résister. Mais, quoi qu'il en soit du motif fondamental de la résistance, il ne s'agit ici que du fait de la résistance. Or, il n'est pas de démonstration philosophique à laquelle quelqu'un ne puisse résister, et à laquelle quelqu'un ne résiste.

IV

Seul résultat d'une démonstration philosophique originale : modifier en quelque manière, les pensées des
philosophes, et les aspirations de tout le monde.

Il n'y aura donc jamais de symbole philosophique définitif. Mais, une fois cela mis à part,
on doit reconnaître qu'une philosophie originale ne se manifeste pas en vain. Elle est une
conception puissante qui restera. Elle impri-
mera parfois aux intelligences une direction
particulière, où s'engageront plus ou moins
quelques philosophes bien supérieurs à la foule
des disciples. C'est ainsi qu'après Descartes il
y a eu Malebranche. Certes, les différences sont
grandes entre Malebranche et Descartes, infiniment plus grandes que Malebranche ne le

supposait. Mais Malebranche, intelligence chrétienne, n'en a pas moins subi une influence réelle de la part de Descartes. Seulement, il a été cartésien d'une tout autre manière que les disciples si nombreux et si zélés, auxquels s'applique le mot de Descartes : « Ils sont comme le lierre qui ne s'élève jamais au-dessus de l'arbre qui le porte (1). » Malebranche a pensé par lui-même un certain cartésianisme, et surtout il a reçu de Descartes une impulsion efficace.

Il n'en a pas été de même de Bossuet et de Fénelon. Ni l'un ni l'autre ne se livrèrent, comme Malebranche, au mouvement cartésien. Mais ils vivaient à une époque où le cartésianisme pénétrait tout. Aussi trouve-t-on du cartésianisme dans Bossuet et dans Fénelon, comme on trouve dans les œuvres sincères quelque chose de l'époque où elles ont été conçues. Il ne convient pas d'appeler cartésiens Bossuet ni Fénelon ;

(1) *Discours de la Méthode,* 6ᵉ partie.

pourtant, si le titre de cartésien doit seulement signifier qu'un philosophe venu au moment où les théories cartésiennes s'imposaient le plus à l'attention en a pris quelque chose, et en a subi une influence parfois peu déterminée, il conviendrait alors de les ranger l'un et l'autre parmi les cartésiens.

Il faut remarquer, — et la remarque s'applique à bien d'autres circonstances analogues, — que Bossuet et Fénelon sont cartésiens sans avoir reçu de Descartes ni une impulsion décisive, ni même des doctrines philosophiques précises. Ils se sentaient parfaitement dégagés à l'égard de Descartes; ils lisaient saint Augustin beaucoup plus que Descartes, et leur génie philosophique s'inspirait de saint Augustin. On s'aperçoit néanmoins qu'ils vivent en plein cartésianisme.

Or les exemples tels que celui de Malebranche, et surtout tels que celui de Bossuet ou de Fénelon, peuvent toujours se produire. Ils sont caractéristiques; mais il reste encore à observer quelque chose de plus important.

On peut dire de tout philosophe créateur que, s'il n'a pas le privilège d'enseigner un symbole, il a celui de gouverner, en quelque sorte, les intelligences. Il les gouverne par cela seul que sa conception continue à subsister. On peut, en effet, rejeter une doctrine, mais on ne peut ni la supprimer, ni en ignorer l'existence. Or, dans bien des cas, savoir qu'une doctrine existe, c'est pour l'intelligence une modification définitive et un vrai progrès. Après Anaxagore, par exemple, et à plus forte raison après Aristote, la notion d'un absolu à qui tout se réfère est établie parmi les philosophes. Cela, d'ailleurs, ne veut pas dire que nul philosophe ne rejettera désormais l'existence d'un absolu parfait en soi-même, comme l'acte pur d'Aristote. Mais avant Aristote on ne raisonnait pas aussi bien sur l'absolu, et avant Anaxagore, on ne savait guère, on tâtonnait, on ne posait pas même nettement la question. C'est cette ignorance qui, pour l'avenir, n'est plus possible. Un peu plus tard le christianisme, et, dans le christianisme, les spéculations philosophiques de saint Augustin rendent plus impossible encore l'ignorance naïve de l'absolu.

La lecture de M. Spencer est, à ce sujet, fort instructive. M. Spencer proteste contre le titre d'athée et de matérialiste. Sans doute, cette protestation fort sincère doit provenir, en partie, de ce que les adeptes les plus ardents de l'athéisme et du matérialisme modernes n'ont pour eux ni la supériorité intellectuelle, ni une grande élévation morale. Mais principalement elle a pour cause l'impossibilité, depuis longtemps manifeste, de rien expliquer par la seule matière brute et par le mouvement mécanique. Il y a là-dessus une notoriété acquise, laquelle n'existait pas encore du temps de Démocrite. Aussi Démocrite, s'il a eu le génie philosophique, et s'il a prétendu expliquer l'univers par les atomes et par le mouvement, a dû se complaire dans sa conception avec une sécurité ignorante de tout danger. Il pouvait raconter ses imaginations; il ne se sentait pas contraint à réunir, grâce à beaucoup de subtilités illusoires, une doctrine réellement athée et des considérations incompatibles avec l'athéisme. Il ne lui venait pas à l'esprit d'écrire un chapitre sur les « Idées dernières de la religion ». Il n'aurait jamais songé à dire que toutes les religions « s'accordent à reconnaître tacitement que le monde... est un mystère qui veut une explication (1) ». Il n'aurait pas senti que « si la religion et la science peuvent se réconcilier, c'est sur ce fait... que la puissance dont l'univers est la manifestation pour nous est complètement impénétrable (2) ». Démocrite se contentait d'avoir une vue telle quelle de la marche des choses. Or, M. Spencer, avec des

____

(1) *Premiers principes,* 1re part.; chap. 2. — (Trad. Cazelles, p. 38).

(2) *Ib.,* p. 40.

phrases toutes différentes, et avec un détail de
narration tout différent, ne donne essentiellement rien de plus que Démocrite; mais il sait
que raconter n'est pas expliquer. Il cherche une
explication fondamentale, et il a nettement
conscience que pareille explication, si elle est
possible, doit être connue de nous par une
« conception réelle ». Et le motif précis pour
lequel il rejette la création, c'est que la création,
pense-t-il, n'a pas pour nous le caractère d'une
« conception réelle (1) ». Mais M. Spencer a,
pour ainsi dire malgré lui, une notion aussi
juste sur la nécessité et sur la nature de l'explication fondamentale. C'est une notion qu'il doit
à son éducation philosophique, bien plus qu'à
ses méditations réfléchies; il a reçu en lui cette
notion comme l'on reçoit, sans y penser, certaines habitudes d'existence. Voilà pourquoi
M. Spencer écrit des choses très justes sur
l'inanité de la science, sur la nécessité d'un

(1) *Biologie*, 3ᵉ partie; chap. viii, p. 490.

principe fondamental intelligible, distinct des phénomènes ; voilà pourquoi encore il sait que si l'on a besoin de se représenter un total de phénomènes, on les raconte comme on peut, et de la façon qui paraît la plus utile, mais qu'après tout une narration n'explique rien : et enfin, voilà aussi pourquoi il paraît bientôt n'avoir rien su de tout cela ; car tout son effort voulu aboutit à remplir plusieurs gros volumes avec des narrations de fait, précisément de ces narrations qu'il faudrait laisser aux naturalistes. Tout ce travail et toutes ces contradictions sont nécessaires à M. Spencer pour arriver à la conscience d'avoir expliqué en philosophe la nature et l'origine de toutes choses. Démocrite n'avait certainement pas les mêmes exigences.

Un poète tel que Rousseau, et un curieux de philosophie agréable et édifiante, tel que Jules Simon, enseignent la religion naturelle. Jules Simon résume tout dans les paroles suivantes : « Un Dieu qui a créé le monde..., une vie à venir... Ainsi toute la doctrine tient en deux paroles; et ces deux paroles, il n'est pas d'esprit qui ne puisse les comprendre, et qui déjà ne les connaisse (1). » Il est vrai, en effet, que tous les esprits connaissent cette doctrine; mais il faut ajouter que, pris ainsi au total, les esprits la connaissent d'une manière absolument confuse et absolument obscurcie. Jules Simon était convaincu de comprendre l'existence de Dieu, la création, la Providence et la vie future; c'est-à-dire, qu'aucun de ces points de doctrine ne se présentait à lui comme un mystère réclamant une foi aveugle. Rousseau de son côté affirme « que les lumières de la raison ne peuvent nous mener plus loin que la religion naturelle (2) ». Or, tandis que Jules Simon met la création dans la religion

(1) *La Religion naturelle,* 4ᵉ partie, chap. II, § 3, pp. 412-413.

(2) *Emile,* liv. IV. Ed. Hachette, p. 287.

naturelle, Rousseau écrit : « Si Dieu a créé la matière, les corps, les esprits, le monde, je n'en sais rien. L'idée de création me confond et passe ma portée (1). » Quoi qu'il en soit de cette divergence, ils sont convaincus l'un et l'autre qu'il est naturel de concevoir cette doctrine nommée religion naturelle. Mais, en fait, cette doctrine n'a été conçue avec quelque précision que dans les pays de civilisation chrétienne. Partout ailleurs, on n'a eu que des notions vagues et contradictoires. Et il se trouve que les philosophes ont été bien plus éloignés que le vulgaire de concevoir ces doctrines, si naturelles, au jugement de Rousseau et de Jules Simon. Il est bien certain que ni Platon, ni Aristote ne comprendraient guère la *Profession de foi du vicaire Savoyard*, et la *Religion naturelle*. Ils seraient embarrassés devant ces deux livres, autant que devant la *Cité de Dieu*. C'est, en effet, que ni Platon ni Aris-

(1) *Ib., Ib.*, p. 256.

tote n'avaient subi l'influence philosophique qui suggère les pensées de Religion naturelle.

Enfin, les influences philosophiques les plus diverses et les plus contradictoires se complètent mutuellement. Il résulte d'elles toutes un certain état intellectuel dont chaque philosophe tire parti. Penser par soi-même suppose bien toujours la même force d'esprit, la même création intellectuelle. Mais quelque doctrine qu'il pense, le philosophe conserve la marque particulière d'une influence doctrinale.

De plus, cette influence s'étend jusqu'à tout le monde. Car tout le monde est fait pour être enseigné. Il y a toujours et partout, non la même simplicité, mais la même foi intense. Chaque société repose sur certains principes que l'éducation inculque d'abord, qu'elle rend naturels, qu'elle habitue à considérer comme objets de respect. On les croit vrais, parce qu'on les a toujours entendu donner pour tels. On est d'abord comme effrayé devant ceux qui les discutent; leur entreprise paraît sacrilège, ou du moins odieuse; et si elle porte sur des points de médiocre importance, elle paraît alors ridicule. On confond la nature essentielle des choses avec les principes appris dès l'enfance; instinctivement, on croit seule raisonnable et seule possible, la société où l'on a toujours vécu. Il est vrai qu'une certaine expérience atténue cette erreur naïve; mais là où cette expérience est le mieux établie, l'humanité n'en est pas moins croyante et moins impressionnable.

Les doctrines peuvent toujours réussir à s'y répandre. Elles passent peu à peu des esprits qui les discutent à ceux qui n'en soupçonnent pas même l'existence. Les idées s'insinuent; les réflexions plus ou moins confuses de chacun en tirent un état d'esprit nouveau. C'est un résultat inévitable. Une société apprend tôt ou tard des philosophes ce qu'il faut penser et comment il faut se conduire. Toute conception puissante, en quelque manière qu'elle se formule, se transforme un jour en connaissance ou intuition générale, et surtout en aspirations générales. Ces aspirations dirigent fatalement la conduite.

Mais le grand nombre ne reçoit jamais des philosophes la force de réflexion, force incommunicable, et qui ne se transmet pas même aux disciples choisis; il n'en reçoit pas non plus une certaine force morale, qui chez le philosophe dépend quelquefois bien moins de la doctrine que de la contemplation intellectuelle; car la contemplation intellectuelle élève l'âme. La postérité n'hérite que des doctrines; et si elle les adopte, ou, sans aller jusqu'à ce point, si elle les connaît sans vouloir les rejeter, elle les met en pratique.

V

Erreur : 1º sur la facilité à produire ou à modifier les convictions ; 2º sur la preuve universelle efficace à l'égard de tout le monde ; 3º sur le résultat des réfutations. — La condition pour agir sur les intelligences, c'est de penser par soi-même.

Les philosophes qui se préoccupent de convaincre, et qui veulent donner immédiatement une règle effective aux intelligences et aux volontés, gagneront toujours à ne pas croire qu'un pareil résultat s'obtient facilement : « Une fois que l'on admet les vérités universelles, disait Bonald, il est plus facile qu'on ne pense d'amener de conséquence en conséquence un bon esprit, et surtout un cœur droit, à reconnaître dans une réunion d'hommes, plutôt que dans une autre, une application plus juste et conséquente de ces hautes vérités (1).» Voilà l'affirmation précise d'un fait; mais pour que l'affirmation d'un fait ne reste pas en l'air, il faut que l'expérience la vérifie. Il restait donc à Bonald de tenter l'expérience; or, il n'avait garde de le faire. Il parlait des choses humaines, et il lui plaisait de se tenir à une affirmation qui n'a aucun rapport avec ce qui se passe dans l'humanité.

En effet, l'affirmation de Bonald signifie : il est facile d'amener les intelligences à la conviction chrétienne. Seulement, Bonald s'exprime en termes trop vagues; on saisit fort bien, sans doute, ce qu'il veut dire par *vérités universelles;* mais s'il avait tenu à parler net, il aurait dû expliquer les deux mots *bon esprit* et *cœur droit.* Or, on peut compter qu'aux yeux de Bonald la résistance à l'enseignement chrétien était incompatible avec le *bon esprit* et avec le *cœur droit.* Il n'y avait donc de propagande possible

(1) *Recherches philosophiques* (Œuv., éd. Le Clère, p. 59).

qu'auprès de ceux qui se montreraient dociles. Mais alors la déclaration de Bonald ne dit plus du tout ce qu'elle semble dire. Elle a l'air d'affirmer une possibilité générale, et, en fait, elle n'affirme que la possibilité d'agir sur des hommes particulièrement disposés. Réduite à son sens réel, elle signifie que l'homme bien disposé à recevoir l'enseignement chrétien deviendra, si on l'y aide un peu, facilement chrétien.

C'est dans cet unique sens que l'affirmation de Bonald est vraie. Mais lui la proposait dans un sens tout général; il s'attribuait à l'égard des intelligences un privilège de persuasion, tel que l'humanité ne le reconnut jamais à aucun philosophe.

Une seconde cause de faiblesse, c'est la recherche de preuves extraordinaires, d'une efficacité certaine à l'égard de tout le monde. Lacordaire, déçu par l'*Essai sur l'Indifférence*, écrivait : « En un seul jour, M. de Lamennais se trouva investi de la puissance de Bossuet. L'Europe attendait la continuation de son ouvrage. Il n'avait encore établi que l'importance et la nécessité de la foi. Mais où était la foi véritable? Comment parvenir à la discerner ? Quelle était l'autorité régulatrice de la raison humaine ?... Après deux ans d'attente, le second volume parut. Rien ne peut peindre la surprise (déception) qu'il produisit (1). »

La déception était inévitable. On doit la prédire toujours à ceux qui attendent d'un maître la découverte après laquelle il n'y aura plus de divergences doctrinales, ni d'hésitation à reconnaître la seule vraie doctrine. *Quelle est l'autorité régulatrice de la raison humaine?* C'est là, en effet, la grande question. Lamennais avait promis de la résoudre; il annonçait une solution si claire et si efficace que tout le monde voudrait s'y rendre. Et l'on avait pris sa

(1) *Considérations sur le système philosophique de M. de Lamennais,* chap. v, p. 39.

promesse au sérieux : aussi fut-on bien étonné de ne trouver dans les volumes suivants qu'une histoire, soigneusement arrangée, des opinions et des aspirations du genre humain. Quelque autre chose, d'ailleurs, que l'on y eût trouvée, on aurait eu toujours le même chagrin de constater une disproportion infinie entre la promesse et le résultat.

Enfin, si l'on veut agir sur les intelligences, il faut surtout ne pas compter sur l'efficacité des réfutations.

En général, et sauf des circonstances d'un caractère exceptionnel, une réfutation est une œuvre subalterne sans énergie pour atteindre son but.

On a prétendu, en effet, ruiner un livre ; mais la nécessité même des choses fait que l'on en ruinera tout au plus la table des matières. Car le livre, c'est la manifestation d'une force intellectuelle, et une fois que cette force existe, rien de ce que l'on peut dire sur la manière dont elle s'exerce ne la supprime. La réfutation, quoi que l'on fasse, ne tombe que sur des principes ou sur des faits extraits du livre. Or, quand un livre s'appelle la *Critique de la Raison pure* ou les *Origines du christianisme* par Renan, on a beau montrer l'inanité des principes, l'inexactitude ou l'erreur des faits allégués; on n'a pas pour cela atteint le livre; et même si, aux yeux de tous, la réfutation paraissait juste, il serait simplement acquis que l'on a corrigé la table des matières de la *Critique de la Raison pure* et des *Origines du christianisme*. Mais ce n'est pas par la table des matières, c'est par son livre, c'est-à-dire par sa force de conception, que l'auteur avait agi sur le public. Il se trouve donc que l'on n'a rien fait du tout.

L'action dépend de la force intellectuelle. Quiconque est en état d'avoir une conception qui lui appartienne en propre exerce, même sans le vouloir, une action diversement efficace sur les autres. Et sans doute, une infinité de circonstances extérieures peuvent, ou favoriser, ou contrarier l'action du philosophe. Mais quelles que soient les circonstances extérieures, rien ne supplée comme aussi rien ne réduit à néant l'influence qui émane d'une conception originale. Les circonstances extérieures, au moment où parut l'*Éthique*, étaient plutôt de nature à rendre odieux le nom de l'auteur; et au lendemain de la mort de Malebranche, tout semblait devoir condamner Malebranche à l'oubli. Pourtant la pensée de Spinoza et la pensée de Malebranche s'imposent toujours à l'attention; l'une et l'autre pensée peut encore agir sur les intelligences. Or, le moyen de n'avoir jamais une pensée qui pourrait, ne serait-ce qu'un moment, attirer l'attention, c'est de s'arrêter toujours sur la pensée d'autrui, et surtout de s'y arrêter pour la réfuter.

Il faut, au contraire, s'appliquer uniquement à se représenter ses propres convictions. L'énergie véritable ne se trouve que chez le philosophe absorbé dans la conception sincère de sa doctrine ; tout ce qui détourne de ce travail est une cause de faiblesse.

Lamennais, s'il ne se fût proposé que de concevoir le christianisme, et s'il avait eu la préoccupation exclusive d'exprimer ce qu'il concevait, aurait pu produire une de ces œuvres qui agissent. Il était, certes, médiocre comme philosophe ; mais il avait une merveilleuse force d'imagination et de sentiment. Il avait mis une fois cette force en œuvre dans son premier volume ; il avait écrit le poème de son illusion, poème tout vivant qui avait saisi le public. Il voulut ensuite réaliser son illusion ; et dès lors il ne rencontrait plus rien ; ses facultés naturelles ne pouvaient plus s'exercer. il s'était condamné à écrire une œuvre d'une extraordinaire faiblesse, sans originalité et sans vie.

Malebranche ne commit pas la même faute. Il éprouvait bien à l'égard de Spinoza une horreur toute naïve ; mais heureusement il vivait trop de sa propre pensée pour consacrer son effort à chercher les défauts de la pensée d'autrui. Il restait donc lui-même; il écrivait les *Méditations chrétiennes* et les *Entretiens de Métaphysique*. Or, ces deux livres sont la vraie défense du christianisme, telle qu'il importait alors de la formuler; ils sont la pensée chrétienne réellement originale et réellement forte. C'est grâce à de pareils livres, que les admirateurs de Spinoza auraient pu sentir qu'il existe, en dehors du Spinozisme, une philosophie capable de satisfaire les intelligences. Mais c'est précisément le résultat qu'aucune réfutation de l'*Éthique* n'était apte à produire. Et enfin, aujourd'hui, lorsqu'il s'agirait de désigner les œuvres dans lesquelles, vers la fin du dix-septième siècle, la pensée chrétienne paraît avec un caractère plus élevé et plus intellectuel, on songerait. non à des réfutations, mais à des œuvres telles que les *Méditations chrétiennes* et les *Entretiens de Métaphysique*.

Ce qui manque aux hommes de doctrine qui
ne réussissent pas à se faire écouter, c'est uniquement la force intellectuelle. Mais il faut, pour
agir aujourd'hui, la posséder soi-même aujour-
d'hui. Il ne suffirait pas de se référer à un autre
qui, autrefois, l'aurait possédée : « Si un
homme éclairé, dit Fénelon, rassemblait dans
les livres de saint Augustin toutes les vérités
sublimes que ce Père y a répandues comme
parhasard, cet extrait, fait avec choix, serait très
supérieur aux *Méditations* de Descartes (1). »
C'est à bon droit que Fénelon réclame, pour
un pareil travail, un homme éclairé. Car, de
faire simplement un recueil des passages les
plus caractéristiques, cela n'aboutirait qu'à
donner une table des matières. Et, d'ailleurs, il
existait de ces recueils (2). Fénelon le savait bien,

(1) *Lettres sur différents sujets de Métaphysique et de Religion.* — Lettre IV, n° 3.
(2) Le P. André Martin, de l'Oratoire, prenant le pseudonyme
d'Ambrosius Victor, avait compilé des textes de saint Augustin ; son travail parut pour la première fois à Paris, en 1650,

et il les méprisait, car aucun d'eux n'est une œuvre philosophique. Il manque à tous les recueils de cette sorte la force créatrice, puissante pour agir. Si enfin on voulait extraire des œuvres de saint Augustin cette philosophie sublime que Fénelon y voyait, et avec beaucoup de raison : on y réussirait, à condition d'avoir communiqué longtemps avec saint Augustin et de s'être assimilé sa doctrine, jusqu'à pouvoir la penser avec originalité. Il faudrait, dans une pareille entreprise, n'avoir ni la préoccupation, ni la gêne de formuler la pensée d'autrui.

La seule ressource d'un philosophe, c'est donc d'être lui-même; et le seul résultat qu'il puisse toujours obtenir, c'est de faire sentir sa

sous le titre : *Philosophia christiana Ambrosio Victore, theologo collectore, seu sanctus Augustinus de philosophia universim.* Il avait alors 3 vol. in-12. La seconde édition, en 1667, compte 5 vol., et la troisième, en 1671, en compte six. Réédité par l'abbé Jules Fabre, en un gros in-8, à Paris, chez Durand, en 1863. Ambrosius Victor découvre dans saint Augustin tout le détail du cartésianisme, y compris l'automatisme des bêtes. — Voir F. Bouillier, *Histoire du Cartésianisme,* t. II, chap. 1 (3ᵉ Ed.).

force intellectuelle. Il est bon, sans doute, de vouloir un résultat plus complet; mais ce résultat, qui consisterait à faire pénétrer la vérité dans les intelligences, ne dépend d'aucun moyen assuré. Il y aurait encore moins de chimère à prétendre se procurer le génie supérieur d'un saint Augustin, qu'à chercher avec insistance le moyen toujours efficace pour convaincre. On désire propager la vérité : il faut, dans ce dessein, travailler à la concevoir fortement; on arrive ainsi à parler d'après soi-même. Or, le philosophe qui a quelque chose à dire réussit infailliblement à se faire écouter; et parmi ceux qui l'écoutent, beaucoup pourront le croire. Il n'y a, au total, d'effort vraiment inutile, que l'effort des faibles.

FIN

TABLE DES MATIÈRES

CHAPITRE II

La métaphysique et la science. 8o

CHAPITRE III

L'Illusion des philosophes.   141

CHAPITRE IV

Efficacité de la démonstration philosophique................................. 211

ANALYSES DES OUVRAGES

CORPS ET AME

In-12.. **3.50**

Dans un premier volume d'essais, sous le titre *Corps et Ame*, M. Gardair a traité sommairement une suite de problèmes dont la solution donne une première idée de la philosophie de saint Thomas et sert d'introduction à l'exposition plus complète que présenteront les ouvrages suivants.

Au premier plan, est *l'Activité dans les corps inorganiques*. Dès ce commencement de l'activité dont tout ce qui existe est doué, la théorie de *la matière* et de *la forme*, avec la distinction des *formes substantielles* et des *formes accidentelles*, apporte quelque lumière dans l'obscure profondeur des choses. Cette théorie apparaît comme préférable au dynamisme de Leibniz et permet de conserver l'hypothèse des atomes sans abandonner la notion de force ou principe prochain d'activité physico-chimique. M. Gardair montre comment une large interprétation du système de saint Thomas pourrait concilier les points de vue divers adoptés par les autres systèmes qui ont tenté d'expliquer la nature, et saurait échapper aux impossibilités métaphysiques que certaines hypothèses n'ont pas toujours su éviter.

Après l'activité des corps inorganiques, il convenait d'étudier celles dont l'âme est le principe, à des degrés divers, dans les êtres vivants. De là, un second traité : *les Puissances de l'âme*. La définition de l'âme par Aristote suppose la théorie de la puissance et de l'acte, qui tient une si grande place dans la philosophie péripatéticienne. En toute âme, l'essence est distincte des puissances qui en émanent. L'âme, considérée comme principe générique de vie, a plusieurs puissances distinctes : les puissances de la vie végétative, celles de la vie sensitive et celles de la vie intellectuelle ; la plante, l'animal, l'homme manifestent cette distinction. Ces points établis, chaque sorte de puissances est examinée à part.

Sur le rôle des forces physico-chimiques dans les opérations des puissances végétatives, la philosophie de saint Thomas est d'accord avec la science moderne. Le sujet de ces puissances est le corps animé; mais dans l'homme, l'âme a une manière particulière de les communiquer à l'organisme Les puissances sensitives ont aussi le corps animé pour sujet; mais les forces physico-chimiques ne donnent qu'un concours indirect et extrinsèque aux opérations sensitives. M. Gardair discute les systèmes de Descartes, Bossuet, Malebranche, Leibniz, relativement au sujet de la sensation, et explique la solution de saint Thomas. L'intervention de l'organisme matériel dans toute opération sensitive est la raison de la forme exclusivement individuelle que prend l'objet connu par les sens, tant internes qu'externes. Enfin, les puissances intellectuelles sont indépendantes de l'organisme : l'auteur le prouve par l'universalité et la nécessité que présente la connaissance intellectuelle et réfute notamment l'erreur de Taine sur la formation de la pensée.

Un mémoire spécial sur *l'Organisme et la pensée* complète l'étude précédente. M. Gardair oppose la théorie de saint Thomas sur l'union de l'âme et du corps aux divers systèmes. qui ont cherché à résoudre ce problème; puis il fait voir que la pensée a besoin de l'organisme, parce qu'elle a besoin du concours des sens externes et internes, mais que, néanmoins, dans son acte propre, elle n'a pas d'organe.

L'ouvrage se termine par deux essais très importants, l'un sur *la Connaissance*, l'autre sur *le Libre arbitre*.

Assimilation du connaissant à l'objet connu; identification du connaissant avec le connu; conséquence de cette identification; opposition de saint Thomas à l'hypothèse des idées innées : tels sont les points traités en ce qui concerne *la Connaissance*.

Quant au *Libre arbitre*, il est démontré principalement par le caractère absolu et universel de l'amour que possède la volonté pour le bien, et qui la laisse libre de choisir elle-même tel ou tel bien particulier. Les principales *objections contre la liberté* sont ensuite réfutées : objection physique, objection psychologique, objection métaphysique. La liberté est décrite dans *sa perfection*. Enfin, viennent deux *éclaircissements*, l'un sur la preuve fondamentale du libre arbitre, l'autre sur l'accord du libre arbitre avec la puissance et l'action de Dieu.

4 P. LETHIELLEUX, Éditeur, 10, rue Cassette, PARIS.

COURS LIBRE SUR LA PHILOSOPHIE DE S. THOMAS

I — LA NATURE HUMAINE

In-12... **3.50**

Le cours libre professé par M. Gardair pendant six années à la Sorbonne débute par *la Nature humaine*.

Dans la première leçon, les rapports de *la raison* et de *la foi* sont tracés avec précision, et un large aperçu est esquissé sur la nature de l'homme, mise en parallèle avec celle des autres êtres corporels.

La théorie générale de *la matière* et de *la forme* ouvre l'exposition détaillée de la doctrine : elle est étudiée dans *les transformations de la matière* et dans *la constitution essentielle des corps,* et jugée d'après les idées modernes.

La vie donne à l'être une perfection supérieure à l'existence inorganique ; elle est définie par le mouvement spontané et ramenée à ses causes prochaines et aux différents principes de vie, formes substantielles appelées âmes, douées de puissances plus ou moins parfaites.

La nature des formes substantielles est examinée dans la série ascendante des êtres et caractérisée par le plus ou moins de dépendance de ces formes à l'égard de la matière. Les formes des corps bruts et des végétaux dépendent radicalement de l'élément matériel. Quant à l'âme des bêtes, il n'y a pas non plus de raison suffisante pour qu'elle en soit indépendante, et la singularité matérielle à laquelle est limitée la connaissance animale est la principale manifestation de la dépendance de cette âme à l'égard de la matière.

L'âme humaine, au contraire, est non seulement simple dans son essence, mais encore spirituelle, c'est-à-dire foncièrement indépendante de la matière corporelle : la meilleure preuve de sa spiritualité est dans l'universalité des objets de la connaissance et de l'amour qui distinguent l'âme de l'homme.

La durée et l'origine des formes substantielles étant proportionnées à la nature de ces formes, le principe de vie de la plante et l'âme de la bête ne peuvent être immortels : ils sont périssables comme les formes de substances inorganiques, parce qu'ils dépendent aussi de la matière transformable ; par la même raison, les âmes de la plante et de l'animal, comme les formes des corps bruts, doivent leur origine à une évolution naturelle de la matière. Mais l'âme humaine est immortelle, précisément parce qu'elle est spirituelle ; et sa spiritualité exige une création direct* de Dieu pour que cette âme vienne à l'être.

M. Gardair aborde ensuite le problème si intéressant de *l'union des formes substantielles et de la matière*, et notamment de l'union de l'âme et du corps dans l'homme. Il démontre ces graves propositions : l'âme humaine, forme substantielle du corps humain, est unie immédiatement à la matière première pour former l'homme, substance composée ; elle est la seule forme substantielle, la seule âme, de l'homme.

Cette âme unique de l'être humain a deux *modes d'existence dans le corps* : par son essence, elle est tout entière dans tout le corps, et tout entière dans chaque partie du corps ; par ses puissances, elle n'est que dans telle et telle partie du corps organisées pour être les sujets de telle et telle puissance de l'âme.

Mais, 'a nature spécifique de l'homme étant connue, il reste à considérer *l'homme individuel*. L'auteur explique et justifie la réponse donnée par saint Thomas à ces questions délicates et difficiles : rôle de la matière dans *la constitution de l'individu ;* succession des principes de vie dans *la génération de l'être individuel.*

Dans la dernière leçon est décrit l'état naturel de *l'âme séparée du corps*, tant au point de vue de son *énergie corporelle*, c'est-à-dire de sa capacité de former le corps de l'homme, que sous le rapport de son *activité intellectuelle.*

II — LA CONNAISSANCE

In-12.. 3.50

La théorie de la connaissance se rattache aux principes généraux de la philosophie de saint Thomas, notamment à la théorie de la matière et de la forme, par ce principe fondamental : moins un être est matériel, plus il est connaissant. M. Gardair applique ce principe à Dieu, à l'esprit pur, à l'homme, à l'animal.

Chez l'homme, la connaissance a d'abord la forme sensible, puis s'élève, par l'opération d'une activité interne, à la forme intellectuelle.

La loi de toute connaissance, soit sensible, soit intellectuelle, est celle-ci : le connaissant doit être assimilé au connu et l'objet est connu par une forme représentative qui actualise la puissance de connaître.

Une telle *assimilation* se produit dans les *sens externes*. L'auteur fait ressortir la différence entre la modification *spirituelle* qu'exige la sensation, et la modification physique de l'organe. D'après les hypothèses scientifiques acceptées du temps de saint Tomas, il distingue pour la vue, l'ouïe, l'odorat, le goût, le toucher, le milieu de l'organe. Le toucher est le fondement des autres sens externes, et sa perfection est en rapport avec une certaine perfection de la sensibilité et de l'intelligence.

La connaissance sensible se développe dans les *sens internes*. M. Gardair met en relief le rôle important du *sens central*, la fonction de *l'imagination*, du *sens appréciatif*, de *la mémoire*, et recherche quel organe saint Thomas attribue à chacune de ces puissances sensitives. La plupart des sens internes ont chez l'homme une supériorité spécifique sur les mêmes sens de l'animal.

L'auteur pose ensuite nettement le problème de *l'objectivité de la sensation*, et répond à ces deux questions : 1° Existe-t-il au dehors un objet sensible ? 2° Cet objet est-il conforme à la représentation donnée par le sens ?

Il critique l'opinion qui croit prouver l'existence de l'objet extérieur par la théorie aristotélicienne de l'unité d'acte entre l'agent et le patient ; il critique aussi la formule de Taine : « La perception extérieure est une hallucination vraie ».

Sur la conformité de la sensation à l'objet extérieur, il donne une solution personnelle, après avoir comparé celles de Descartes, Bossuet, Berkeley, Kant, Leibniz, à l'opinion de saint Thomas. Il se prononce clairement en faveur de l'existence réelle de l'étendue.

La connaissance intellectuelle, préparée ar la connaissance sensible, s'opère par *l'entendement humain* qui comprend *deux facultés* : l'une qui est l'entendement réceptif ou *intellect possible*, l'autre qui est l'entendement actif ou *intellect agent*. Dans l'élaboration de la pensée, il se fait une illumination des représentations fournies par l'imagination et une génération de formes intelligibles au moyen de l'abstraction : la pensée s'achève dans la conception du verbe intellectuel et dans la considération de l'objet dans ce verbe.

La nature de l'entendement actif est caractérisée fondamentalement par son immatérialité : c'est parce qu'il est immatériel qu'il peut immatérialiser et universaliser la connaissance.

Après la conception des premières formes intelligibles, la lumière intellectuelle s'applique à la formation des *principes rationnels*, c'est-à-dire des jugements évidents d'où part le mouvement de la raison. L'intelligence de ces principes comprend une disposition habituelle de l'esprit humain qu'il faut définir.

Dans *la génération des principes*, le principe d'identité ou de contradiction a un rôle primordial.

Il y a deux ordres de principes : *les principes de la raison spéculative* et *les principes de la raison pratique*. D'après Leibniz, l'auteur indique deux principes fondamentaux de la raison spéculative : le principe d'identité ou de contradiction et le principe de raison suffisante. Il expose ses vues personnelles sur la manière dont le principe de raison suffisante se rattache au principe d'identité ou de contradiction.

Le premier principe de la raison pratique repose sur l'idée du bien, comme le premier principe de la raison spéculative sur l'idée de l'être. Il appartient à la raison de poser les règles de la morale naturelle.

Partant des principes, la raison découvre la vérité par un double raisonnement : *la déduction* et *l'induction*.

M. Gardair fait voir d'où vient la force démonstrative de la déduction et justifie le procédé de l'induction par la spontanéité et les principes fondamentaux de l'entendement. Il explique, d'après saint Thomas, comment le sens saisit à sa manière l'universel, selon l'assertion d'Aristote.

L'esprit humain a une *conscience intellectuelle*, par laquelle il connaît ses pensées, et une *mémoire intellectuelle*, par laquelle il conserve ses connaissances absolues et universelles et se rappelle les avoir acquises par un acte antérieur. Mais, dans la vie présente, notre âme ne connaît sa nature que par une investigation rationnelle, éclairée par les premiers principes.

III — LES PASSIONS ET LA VOLONTÉ

In-12.................................   **3.50**

L'ouvrage sur *les passions et la volonté* complète la psychologie. Il commence par un tableau de l'inclination dans tous les êtres; d'abord en *Dieu* et dans *les êtres sans connaissance*, puis dans *les êtres connaissants : l'animal, l'homme et l'esprit pur*.

Les passions sont ensuite définies dans *leur nature* et classées par ordre logique: elles se distribuent en deux appétits, l'appétit de concupiscence et l'appétit d'irascibilité. Cette *classification* comprend six passions dans le premier, appétit : *amour, haine, désir, aversion, plaisir, douleur ;* et cinq dans le second : *espérance, désespoir, crainte, audace, colère.*

L'auteur étudie successivement et en détail la nature, les causes et les effets de ces onze passions, d'après Aristote et saint Thomas.

Les passions sont proprement de l'ordre sensible; mais il y a néanmoins des affections analogues dans l'appétit intellectuel, qui peuvent être appelées dans un sens large passions de la volonté. Tout ce qui est dit des passions sensibles peut être transposé dans l'ordre des passions intellectuelles.

L'appétit intellectuel est considéré à part dans deux leçons : l'une sur *la volonté et le libre arbitre*, l'autre contenant *la réfutation du déterminisme*.

La volonté est éclairée par l'intelligence; et, comme l'absolu réel et parfait est le dernier terme du mouvement de l'intelligence humaine, la fin dernière de la volonté est Dieu lui-même. Cette conclusion si importante est amenée par une analyse progressive des facultés de l'âme humaine.

L'inclination fondamentale de la volonté est nécessaire : néanmoins dans le développement de ses opérations, la volonté est libre.

Après avoir donné sommairement la preuve du libre arbitre par le témoignage de la conscience et par la pratique des peuples, M. Gardair insiste particulièrement sur *la preuve métaphysique*, qui se résume ainsi : c'est précisément parce que la volonté est nécessairement inclinée vers le bien absolu et parfait, qu'elle est libre à l'égard des biens particuliers et imparfaits qui ne lui apparaissent pas comme nécessairement liés au bien absolu et parfait.

La volonté est libre aussi dans son exercice : elle a la liberté de vouloir ou de ne pas vouloir.

L'élection libre est acte de raison et de volonté.

Le déterminisme, négation du libre arbitre, est réfuté sous ses trois formes : *physique, psychologie, métaphysique.*

Le déterminisme physique exagère la portée de *la loi de la conservation de l'énergie.* On ne peut prouver, au moyen de cette loi, ni *a priori*, ni *a posteriori*, qu'une puissance supérieure n'intervienne pas pour modifier l'action nécessaire des forces physiques.

Le déterminisme psychologique prétend à tort que : 1o la conscience ne peut prouver la liberté des actes volontaires ; 2o la volonté doit être déterminée nécessairement par un motif de vouloir ; 3o en fait, les actions humaines sont déterminées nécessairement par les influences de la vie physiologique, des passions, des penchants.

Le déterminisme métaphysique met en avant trois arguments principaux qui n'ont pas la valeur qu'il suppose ; savoir : 1° incompatibilité du libre arbitre avec l'ordre prétendu nécessaire de l'univers ; 2° le mal moral, conséquence du libre arbitre, est inadmissible dans l'œuvre d'un Dieu parfait ; 3° le libre arbitre est la négation de la prescience et du gouvernement infaillibles de Dieu.

L'auteur répond rapidement à toutes ces objections.

Il délimite ensuite *l'empire de la volonté*, en décrivant d'une part *l'influence des autres puissances sur la volonté*, d'autre part *l'influence de la volonté sur les autres puissances.*

Enfin, il précise, par une analyse pénétrante, les conditions du véritable *bonheur*, de la possession du souverain bien pour l'homme, en montrant d'abord *ce que le bonheur n'est pas*, puis *ce qu'est le bonheur.* Il va jusqu'au bout de ce que peut éclaircir la raison humaine par sa lumière naturelle dans l'exposition abrégée de la béatitude finale.

10 P. LETHIELLEUX, Éditeur, 10, rue Cassette, PARIS

LA LIBERTÉ

PAR

L'abbé **C. PIAT**, agrégé de Philosophie

Docteur ès-lettres, Professeur à l'Institut catholique de Paris

Ouvrage couronné par l'Académie française

(*Prix Montyon*)

2 volumes in-12... **7.00**

Chaque volume se vend séparément :

I. — **Histoire de la Liberté au XIX⁰ siècle**.. **3.50**

II. — **Le Problème de la Liberté**............... **3.50**

Nous donnons ici quelques-uns des jugements qui ont été portés en France et à l'Étranger sur ce bel ouvrage :

The catholic University Bulletin, Washington, january 1895. — Le Polybiblion a souhaité que cette œuvre pût *faire époque* : c'est un vœu qu'elle réalise ; elle arrive à son heure pour ramener la philosophie à son véritable équilibre, qui, comme l'histoire le prouve abondamment, consiste à se tenir entre les deux extrêmes.

Revue Philosophique, année 1894, M. Fonsegrive. — M. Piat veut étudier à nouveau le problème de la liberté et il se propose en ce premier volume de décrire « les principales phases par lesquelles a passé cette longue et ardente discussion sur l'un des problèmes les plus importants de la vie humaine. Exposer l'historique de la liberté au xix⁰ siècle : tel est le premier but de nos efforts. Il y a là, nous semble-t-il, une œuvre utile à faire. Il faut se rendre compte de ce qu'ont pensé les autres avant de penser par soi-même. Procéder autrement, c'est s'exposer à réfuter ce qu'on ne comprend pas, c'est aussi se diminuer soi-même en refusant de recourir aux lumières de ses devanciers (p. 6). »

Polybiblion, année 1894, L. Couture. — Le premier mérite que la critique sera sans doute unanime à reconnaître au savant écrivain, c'est d'avoir classé avec autant de fermeté et de justesse que d'aisance et de clarté des essais de solution si nombreux et si divers. Il distingue d'abord trois périodes, moins chronologiques que logiques, dans l'évolution de l'idée de liberté au xixe siècle : — la première à la fois psychologique et métaphysique, psychologique en France avec Maine de Biran, Cousin et Jouffroy ; métaphysique en Allemagne avec l'idéalisme de Fichte et de Schelling ; — la deuxième où le déterminisme domine, prenant un caractère scientifique chez les positivistes anglais et français, un caractère physiologique avec Ribot, Taine et les néo-criminalistes, un caractère psychologique avec M. Fouillée ; — la troisième, où la liberté prétend se relever, surtout par l'effort désespéré des néocriticistes. — Il faudrait parcourir successivement ces trois parties et leurs subdivisions pour donner quelque idée de la sagacité et de la hauteur de vues qui distinguent cette exposition tour à tour psychologique, méthaphysique et scientifique.

Le Correspondant, 25 févr. 1895. — M. l'abbé Piat publie un remarquable travail sur la question de la liberté, si longtemps agitée sans succès. Il relève d'abord, avec autant de bonheur que de courage, les preuves traditionnelles du libre arbitre, que la critique s'acharne depuis trente ans à démolir. Il esquisse ensuite une théorie originale de la liberté, où les données de la philosophie ancienne et celles de la philosophie moderne viennent s'unir dans une idée large et profonde. Il parle enfin du rôle de la liberté dans la vie intellectuelle et la vie morale. L'ouvrage est ainsi de pleine actualité, et il est écrit d'un style souple, élégant, qui attire le lecteur, ce qui n'est pas banal dans un ouvrage de philosophie.

L'Enseignement chrétien, 1er mai 1895, Eug. Durand. — Dans un chapitre préliminaire qui n'est pas le moins original de l'ouvrage, définition et méthode sont dégagées avec une grande netteté de toute obscurité... Si les déterministes nient la liberté, c'est qu'ils prennent le problème à rebours. Au lieu de chercher, en premier lieu, si la liberté est un *fait*, ils commencent par se demander si elle est *possible*, et s'embarrassent aussitôt dans toutes les difficultés psychologiques, scientifiques et métaphysiques de la question. Mais ce que nous connaissons le mieux, ce sont les faits de conscience, et l'on ne peut les nier au nom des idées.

L'Année philosophique, 1894, p. 230 — M. Piat tient, comme l'école spiritualiste, que la liberté se prouve directement par le témoignage de la conscience : et même cette preuve est, à ses yeux, fondamentale. « Il y a, dit-il, deux preuves de liberté : la conscience du devoir et la conscience de l'effort. Ce sont là comme deux astres qui brillent au ciel de notre pensée et projettent leurs rayons jusqu'au fond de notre nature qui est activité libre. Mais de ces deux astres, l'un n'a qu'une lumière dérivée. Tout se ramène à la conscience de l'effort : là se trouve le foyer du libre arbitre » (t. II, p. 126).

Etudes religieuses, 25 décembre 1894. — Sans doute, tout n'est pas neuf dans cet ouvrage ; partout cependant on sent un effort pour tout renouveler, pour soumettre à une critique prudente, mais libre, les vieilles démonstrations, pour compléter ce qui peut y rester d'insuffisant, surtout pour les tourner contre les objections nouvelles et les adversaires récents. Qu'on lise par exemple la page où M. Piat démontre l'hétérogénéité du motif et du mobile... On trouvera dans d'autres écrits le germe de cette démonstration, nous ne croyons pas qu'elle ait jamais été donnée avec autant de netteté et de précision.

Bulletin critique, 25 février 1895, Momas. — M. l'abbé Piat compare quelque part le philosophe à l'artiste. « C'est à force de ciseler son marbre que l'artiste en fait jaillir la beauté. C'est en affinant les données de l'expérience, à la lumière de la raison, que le philosophe, artiste d'un autre genre, s'élève à la pure contemplation du vrai. » A nul mieux qu'à lui ce rapprochement ne peut s'appliquer; car il est difficile d'unir au même degré la force à la délicatesse de la pensée.

Histor-Polit. Blätter, CXV (1895), Dr Bach. — La science, pourvue de méthodes plus sévères, essaie, sous l'égide du Positivisme, de porter la lumière jusqu'aux profondeurs de l'humaine activité; et de fait elle a mis dans un meilleur jour certains aspects de notre nature, par exemple, le milieu où éclot l'acte libre. L'auteur ne regarde point ces hardiesses en ennemi ; il sait tenir compte de ces facteurs nouveaux... Mais le Positivisme, avec sa méthode *empiririsante,* affaiblit la moralité et la santé de l'âme : c'est une sorte d'opium. « On nous a parlé assez longtemps de l'animal qui est en nous, s'écrie M. Piat; élevons-nous une bonne fois, et dans l'homme cherchons l'homme. »

American Ecclesiastical Review, mars 1895, Philadelphia. — Ce travail fait croire à la force progressive de la philosophie catholique, dont les principes, un moment ébranlés, se relèvent sous l'effort de la spéculation nouvelle. C'est seulement dans des ouvrages de ce genre que cette restauration peut trouver son point d'appui. L'examen historique et critique de chaque problème, la défense des idées antiques soutenues à la lumière des faits récemment découverts : voilà le salut.

comparée. Une dissertation de psychologie animale suit le cours de biologie.

Hâtons-nous d'ajouter que cette psychologie est toute d'ordre sensitif et ne concède à l'animal rien de ce qui est l'apanage exclusif de l'homme, encore qu'aux débuts du chapitre on pourrait s'y tromper.

Après la psychologie animale vient un vaste ensemble de considérations sur la science en général, sur l'âme humaine, sur les forces de la nature, sur l'espace, le temps, le mouvement, l'énergie, la pensée, et ce que l'auteur appelle « les cinq ordres de principes immatériels, » principes d'individuation des corps bruts comme des corps organiques, organisés, sensitifs et enfin animés par l'âme spirituelle. C'est, bien que le nom n'en soit pas prononcé, toute une théorie hylémorphique particulière à l'auteur. La loi de causalité implique nécessairement une cause « adéquate » (nous dirions : « supérieure ») à l'univers, laquelle est Dieu. Réfutation du panthéisme et des diverses objections opposées à la personnalité et à l'absolue sagesse de cette cause première. Vie future et existence d'esprits autres que l'âme humaine et supérieurs à elle, déduites du plan général de l'univers, de la téléologie et de la hiérarchie des êtres.

Arrivé au chapitre final sur l'évolution telle qu'il la comprend, l'auteur en fait ressortir, avec une logique serrée, le caractère théiste et téléologique, et combat, comme nous l'avons dit, les théories de Darwin.

(Polybiblion)   C. DE KIRWAN

PHILOSOPHIE MORALE ET SOCIALE

Par le R. P. DE PASCAL

Deux volumes in-12 .... **7 00**

T. I. — **Philosophie morale**............... **3.50**

T. II. — **Philosophie sociale**............... **3.50**

Chaque volume peut se vendre séparément

L'ouvrage est divisé en éthique et en droit naturel, ou en philosophie morale et sociale : la première partie comprend une étude sur l'acte humain, la loi, et le droit social en général.

Après quelques aperçus sur le bien métaphysique, l'auteur nous montre que la fin de l'homme et son bonheur suprême consistent dans la possession de Dieu par la connaissance et l'amour.

Mais, pour que l'homme réalise sa fin, il ne suffit pas qu'il la connaisse, même comme son bien suprême, il faut qu'il conforme ses actes aux exigences de sa fin, et il ne le fera que s'il existe pour lui obligation de s'y conformer, le *devoir*. A l'encontre de Kant, qui confond l'honnête et l'obligatoire, le P. de Pascal nous montre la connexité de la loi naturelle et du devoir avec la loi éternelle et divine. Fondée sur les rapports immuables de la nature de l'homme et de sa destinée suprême, la loi naturelle qui se manifeste à l'intelligence humaine est objectivement identique à la loi éternelle, dont elle n'est qu'une application au gouvernement de l'homme.

Plus loin l'auteur traite de la conscience « jugement empirique sur la moralité des actes à faire par la comparaison de l'acte avec la loi, témoignant donc simplement de la moralité de l'acte et n'atteignant pas la moralité dans son essence ». A propos de l'impératif moral, il critique les grandes erreurs morales de notre époque, distinguant deux principaux systèmes : l'évolutionnisme de Spencer et le rationalisme de Kant.

La sociologie générale établit l'origine naturelle de la société et fait justice des aberrations de Rousseau, Hobbes et Puffendorf. Le but de la société est d'assurer l'ordre dans les relations essentielles des hommes entre eux, au moyen de la justice. Les fausses conceptions du droit, règle de la justice, ne manquent pas et

2

tour à tour l'auteur les rencontre : Spencer, avec son évolutionnisme, consacre le triomphe des plus forts et aboutit à l'utilitarisme de l'espèce, comme Stuart Mill en vient à l'utilitarisme individuel. D'un autre côté, le philosophe de Kœnigsberg, divini-
sant en quelque sorte la volonté humaine, n'envisage le droit que
« comme une restriction à la liberté, pour permettre l'éclos...
de la liberté d'autrui ». Identifiant la divinité avec le ...
gel investit la volonté générale du pouvoir législa'
et son panthéisme philosophique, descendu au f...
socialistes, personnifie cette divinité vague et imper...
le Dieu-État.

Dans sa philosophie sociale ou droit naturel, le P. de Pascal
applique les principes de la morale aux différentes relations de
l'homme avec Dieu, avec ses semblables et avec le monde extérieur. De là quatre divisions : 1° l'homme et Dieu, 2° l'homme et
sa personnalité, 3° l'homme et ses semblables, 4° l'homme et le
monde extérieur.

Notons surtout la section qui traite de la société civile, où l'auteur touche aux questions les plus délicates, comme le droit de
résistance au pouvoir, les formes de gouvernement. Étudiant,
dans l'économie politique, les rapports de l'homme avec le monde
extérieur, l'auteur envisage, à tour de rôle, l'organisation du travail, la distribution des moyens et des instruments de travail, la
répartition des produits du travail. Il s'élève avec force contre
le libéralisme, qui laisse à la liberté individuelle le soin de réaliser l'ordre économique et met en présence la classe des capita-
listes, possédant les instruments du travail, et la classe des pro-
létaires privés de capital. La liberté industrielle produit la libre
concurrence qui fait dépendre la vie et la subsistance des travail-
leurs d'une lutte dont la victoire restera au plus fort. Plus conforme à la nature humaine, le système de l'association profes-
sionnelle règle la liberté individuelle, respecte la juste indépendance de la personnalité humaine, arrête la concurrence illimitée,
garantit même les intérêts des consommateurs et fournit au point
de vue politique les éléments d'une véritable représentation na-
tionale.

La critique ne manquera peut-être pas d'attaquer mainte théorie défendue par le P. de Pascal, mais, grâce aux sages réserves
dont l'auteur les entoure, on ne peut voir en lui un novateur im-
prudent. Il est difficile et dangereux même d'être neuf dans un
traité de philosophie morale. Le P. de Pascal s'est montré actuel :
ce n'est pas là son moindre mérite.

J. M.

P. LETHIELLEUX, Éditeur, 10, rue Cassette, PARIS. 19

LA MORALE STOICIENNE

EN FACE DE

LA MORALE CHRÉTIENNE

Par l'abbé **A. CHOLLET**

Docteur en théologie et en philosophie, professeur à l'Université
catholique de Lille.

In-12................... .... 3.50

La question des rapports du christianisme et de la philosophie stoïcienne est un vieux proverbe rajeuni de nos jours, une vieille querelle réveillée en ces derniers temps.

Les premiers apologistes de la doctrine du Christ eurent à la défendre contre les païens ou leurs amis, lesquels assuraient que le paganisme avait apporté à Jésus la meilleure et la principale part de son enseignement.

Les siècles de foi ne posèrent pas même la question, tant la solution leur en paraissait évidente et certaine.

Et voici qu'une nouvelle école a repris l'attaque. Pour ne

citer qu'une partie de ses adhérents, MM. Miron, Proudhon, Garcin et Saisset, prétendent démontrer que le christianisme a puisé sa morale surtout dans la philosophie du Portique. M. Deschanel ne craint pas d'avancer que la morale dite chrétienne ne contient pas une idée, un sentiment, une parole qu'on ne puisse retrouver chez les philosophes antérieurs. Il se publie à Leipzig plusieurs ouvrages dont le dessein est de soutenir la même thèse.

M. Havet, en deux volumes, explique comment notre religion n'est qu'un développement naturel et spontané des civilisations grecque et gréco-latine.

M. Renan, dans son livre sur *Marc-Aurèle et la fin du monde antique*, proclame hautement qu'avant le christianisme la philosophie avait tout vu et tout dit, excellemment.

Un autre, M. Tissot, va plus loin encore, et nous apprend que si, en morale, la méthode, l'ordre, la clarté, la précision, sans parler du talent et du charme, doivent entrer en ligne de compte, Platon, Aristote, Cicéron, Sénèque l'emportent sur les auteurs des lettres apostoliques et sur S. Paul.

Le sujet, on en conviendra, ne manque ni d'importance, ni d'opportunité. Mgr Salvatore Talamo, un des plus distingués théologiens et philosophes d'Italie, professeur honoraire d'une faculté de théologie de France, vient de l'aborder et de le traiter avec toute la compétence que son ouvrage sur l'*Aristotélisme de la scolastique* nous avait depuis longtemps révélée et que de nombreux travaux n'ont fait que rendre plus évidente.

La morale du Christ renferme toute la morale naturelle qu'elle a surnaturalisée et complétée ; on en supprime d'un seul trait toute la partie surnaturelle. Dans la philosophie naturelle des stoïciens, on tait comme inutiles et gênantes toutes les illusions et les défaillances. Il doit évidemment en résulter de grandes ressemblances. De là à conclure que deux sagesses aussi semblables sont issues l'une de l'autre, il n'y a qu'un pas. Ce pas est vite franchi, mais il est condamné par l'illégitimité des éliminations qui l'ont précédé et préparé. En outre, ces éliminations fussent-elles justes et exigées par la nature du sujet, on ne pourrait encore conclure des analogies qui en résultent à la dépendance originelle des deux doctrines en cause. Les traditions primitives, l'usage naturel de la raison, une même disposition des esprits, une expérience commune faite dans des conditions sociales analogues, tout cela peut très bien amener parallèlement deux philosophies à des conclusions assez pareilles, sans que ces philosophies exercent l'une sur l'autre la moindre influence.

Dès maintenant, il reste donc contre les adversaires, en premier lieu, que par des réticences, des silences injustifiés, ils arrivent à exagérer l'analogie entre les deux points à examiner ; et, en second lieu, que cette analogie, fût-elle admise telle qu'on prétend la montrer, ne prouverait pas encore l'origine stoïcienne du christianisme primitif.

P. LETHIELLEUX, Editeur, 10, rue Cassette, PARIS 23

LA VIE

DU

DOGME CATHOLIQUE

AUTORITÉ — ÉVOLUTION

Conférences données à l'Institut Catholique de Paris

Par le **R. P. de la BARRE**

de la Compagnie de Jésus
Professeur de théologie dogmatique à l'Institut catholique
de Paris.

In-12... **3.50**

Nous nous sommes efforcé de répondre dans une certaine mesure aux exigences apologétiques de l'heure présente. Toutefois nous avons surtout employé la méthode de simple exposition théologique. En cela nous avons voulu satisfaire de légitimes préoccupations.

On regrette que le Dogme catholique soit si mal connu et, par suite, si souvent défiguré. Les laïques intelligents — les jeunes surtout — réclament un enseignement supérieur de la religion qui les initie aux richesses enfouies dans les vastes dimensions de nos manuels, de nos « Cursus dogmatici », et de nos respectables in-folios.

Aussi notre premier but est de présenter au grand public le vieil enseignement classique, non pas, il est vrai, dans toute son austère nudité — on y ferait mauvais accueil — mais sous la forme rajeunie qui convient à la vérité. Ce qui est éternel peut paraître toujours jeune.

Il nous semble qu'une théorie de la Vie du Dogme, conçue au point de vue catholique, est appelée à réconcilier les tendances diamétralement opposées—je veux dire à les satisfaire dans ce qu'elles ont de partiellement acceptable. Elle devra surtout démentir le rationalisme qui prétend les synthétiser. En réalité, la vie du Dogme est régie par des lois immuables en même temps que le Dogme se développe et grandit. N'est-ce pas la condition de toute forme de vie ?

Le fondateur du positivisme avait jadis reconnu dans toute tendance vitale un principe statique et un principe dynamique, principe de persévérance de l'être initial, principe de progrès par une poussée interne. Ainsi, croyons-nous, doivent se concilier dans la naissance et dans la vie du Dogme des conditions d'existence en apparence opposées : *Autorité, Évolution.*

P. LETHIELLEUX, Éditeur, 10, rue Cassette, PARIS 2%

L'ÉVOLUTION ET LE DOGME

Par le R. P. ZAHM, C. S. C.

Traduit de l'anglais par l'abbé J. FLAGEOLET
du diocèse d'Autun

2 vol. in 12...................... **7.00**

Peut-on être à la fois « évolutionniste » et «chrétien »? Telle est la question que discute l'auteur de ce livre, et on pourrait dire qu'il n'y en a guère de plus actuelle, si c'est au nom de l'évolution, et de la nouvelle conception du monde qui en serait résultée, que nous voyons tous les jours attaquer les anciens dogmes. Il est vrai que ces dogmes, nombre de philosophes ou de savants les combattent sans les connaître et de nombreux théologiens ne croient pas avoir besoin d'étudier la doctrine de l'évolution pour la prendre à partie. Nous souhaitons que ce livre les éclaire les uns et les autres. On ne saurait en effet se montrer mieux informé de tous les aspects de la question que le savant auteur, ni faire preuve à la fois d'une érudition plus étendue et d'un plus ferme bon sens, deux choses qui parfois ne vont pas ensemble. Il faut lire ce livre, et le compter au nombre des meil'eurs qu'il y ait dans la littérature entière de l'Évolution.

(E. Brunetière).

KANT ET LA SCIENCE MODERNE

Par le R. P. TILMANN PESCH, S. J.

Traduit de l'allemand par M. LEQUIEN

In-12... **3.50**

Naguère encore, « la science moderne » exprimait avec un grand fracas sa profession de foi et ses revendications : l'expérience, seule science qui convienne à la raison humaine ; cette raison elle-même divinisée, reconnue comme seule source des principes moraux et sociaux ; enfin surtout droit absolu et inviolable pour elle de se glorifier seule du titre de science. Or, l'inspirateur de cette « science moderne » vivait il y a un siècle environ ; il s'appelait Emmanuel Kant. On connaît le portrait physique et moral que nous en a laissé Reichardt dans l'*Uranie* (1812) : « C'était un homme tout à fait sec de corps et d'âme... Un front élevé et serein, un nez mince, des yeux vifs et clairs caractérisaient avantageusement sa physionomie. Mais le bas du visage était l'expression la plus complète d'une sensualité grossière qui s'est manifestée chez lui surabondamment, surtout dans le boire et le manger. » — C'est la photographie intellectuelle de Kant que le R. P. Pesch nous a tracée dans son ouvrage avec une rare finesse d'analyse.

Il est difficile d'éclairer tous les recoins obscurs de la pensée et du langage du philosophe de Kœnigsberg. Le R. P. Pesch l'a fait avec un rare bonheur : textes de Kant lui-même ou commentaires de ses contemporains et de ses plus chers disciples, tout vient à propos et parfois avec pas mal d'humour, pour faire ressortir le véritable esprit avec les conséquences fatales de la critique de la raison pure : renonciation absolue à tout suprasensible (ch. III), morale indépendante (ch. VI), pas de religion qui impose des devoirs à l'homme (ch. VII et VIII). N'est-ce pas là le programme de la science moderne ? « Les systèmes les plus opposés entre eux, et même, ô prodige ! ceux de nos grands naturalistes, cherchent dans Kant leurs racines ou du moins leur fondement. » (P. 11.) Le R. P. Pesch donne la solution de cette anomalie dans des pages (pp. 113, 195) qui dénotent une connaissance approfondie du système kantien. En Allemagne, raconte-t-il pas un ennemi de l'Église et de Dieu, pas un adorateur de la raison humaine qui ne vienne brûler un peu d'encens devant la statue de « la Raison pure incarnée de Koenigsberg »; c'est « le culte néo-païen de l'humanité » dont l'auteur nous parle dans le dernier chapitre de son ouvrage, le plus enlevé et le plus terriblement vrai. Aussi nous souhaitons à certains catholiques fascinés par le génie du grand philosophe et à tous ceux qui veulent saisir l'esprit de Kant débarrassé de son grand appareil philosophique de lire l'ouvrage du R. P. Pesch. Ils pourraient voir dans ces 280 pages sur le système de Kant plus et mieux qu'ils n'ont peut-être vu dans de gros volumes diffus. Ils pourraient voir surtout que, en portant condamnation contre toutes les folles conceptions et l'orgueilleuse suffisance des tenants de « la science moderne », ils doivent étendre cette même condamnation à Emmanuel Kant, représentant parfait, mais vieux d'un siècle, de cette « science moderne ».

Jos. Carbonel, S. J.

LE KANTISME

ET SES ERREURS

Par le R. P. Tilmann PESCH

Traduit de l'allemand, par M. LEQUIEN

In-12... **3.50**

Le R. P. Pesch, en écrivant cette savante étude, n'ignorait pas qu'aux yeux d'un certain nombre de philosophes modernes, il commettait une hérésie en attaquant le chef-d'œuvre même du grand penseur allemand. Cela ne l'a pas arrêté; dès les premières pages, il affirme sans hésitation, sans palliatif, sa conviction scientifique : *La critique de la Raison pure est, dans toutes ses parties, fausse et sans fondement.* On le voit, c'est la condamnation pure et simple, la « mort sans phrase » pour ce système cher à tant de savants d'Outre-Rhin. Mais ce jugement n'est-il pas trop sévère, trop absolu? Nous ne le croyons pas. Qu'on lise la série des treize chapitres où l'auteur attaque successivement les points principaux de la *Critique de la raison pure*, et l'on sera convaincu que le R. P. Pesch n'a rien avancé qu'il ne prouve d'une manière vraiment scientifique, par une argumentation nerveuse et serrée; d'ailleurs, pour éviter toute discussion oiseuse, il ne s'occupe que des points capitaux et les moins contestés du Kantisme, c'est-à-dire de ceux dont le sens est admis par tous, sans qu'il soit besoin de recourir à de spécieux commentaires, parfois même à de petits tours de force exégétiques. On sait, en effet, que Kant était atteint d'une faiblesse commune à beaucoup de grands esprits : il craignait d'être compris facilement ; il vivait à une époque où la difficulté d'être compris passait pour la marque nécessaire d'une science profonde. Le R. P. Pesch montre d'abord les multiples contradictions qui se rencontrent dans l'entreprise de Kant, la fantasmagorie de ses fameux jugements synthétiques à priori, sa manière habile de falsifier la nature de la connaissance humaine, l'arbitraire qui préside à toute construction de l'édifice élevé par Kant au milieu des brouillards de la philosophie protestante. Après avoir montré comment le philosophe allemand a traité les questions des phénomènes, du temps et de l'espace, des formes de l'entendement, du principe de causalité, etc., le R. P. Pesch aboutit à ce résultat : Ce n'est pas le subjectivisme protestant, mais l'objectivisme catholique qui peut seul sauver le monde. Si la philosophie veut rester raisonnable, qu'elle s'attache à la base de la conception chrétienne et, si elle s'y attache, qu'elle s'oriente vers le catholicisme. En un mot son livre est excellent ; il est l'œuvre non seulement d'un profond penseur, mais d'un savant apologiste. Pour notre part, nous sommes reconnaissant à M. Lequien de nous l'avoir traduit en bon français.

(Vraie France.)

AUGUSTE COMTE

FONDATEUR DU POSITIVISME

SA VIE — SA DOCTRINE

Par le **R. P. GRUBER**, de la Compagnie de Jésus,
Précédé d'une préface par M. OLLÉ-LAPRUNE,
Maître de Conférences à l'Ecole normale
Traduit de l'allemand par l'abbé PH. MAZOYER, du clergé
de Paris.

Beau volume in-12º, orné d'un portrait............ **3.50**

« Tout homme, dit M. Ollé-Laprune dans sa préface, qui, choisissant un objet d'étude, l'étudie à fond, est un bienfaiteur intellectuel. » Par son livre, le P. Gruber mérite éminemment ce titre.

Au milieu de l'anarchie intellectuelle où nous vivons, il est venu projeter la lumière la plus complète sur une doctrine encore mal connue et dont les prétentions ne tendent à rien moins qu'à s'imposer comme la religion nouvelle et définitive de l'humanité. Le P. Gruber s'est proposé uniquement de faire connaître le positivisme, laissant à d'autres ou remettant à plus tard la tâche de le combattre. Qu'on ne s'imagine pas que ce travail d'analyse et d'exposition soit le plus facile et le moins utile. La biographie même du philosophe n'était pas l'œuvre la plus aisée. Des disciples, dont quelques-uns étaient déjà des dissidents, se sont emparés des faits de cette existence et les ont présentés de manière à en tirer des justifications de leurs interprétations doctrinales ou de leur propre conduite. Il a fallu confronter, contrôler, compléter par de minutieuses recherches toutes ces biographies intéressées pour écrire l'impartiale histoire du fondateur du Positivisme.

La doctrine, il fallait aller la chercher et la saisir dans cet océan de mots qui s'appelle le *Cours de philosophie positive*, dont chaque leçon a souvent de cent à trois cents pages, dans les gros volumes du *Système de politique positive*, dans le *Catéchisme positiviste*, dans la *Synthèse subjective* et dans les autres écrits également verbeux du philosophe.

Le P. Gruber a pris la peine et eu la patience de mener jusqu'au bout ce travail si rebutant. Et il l'a fait avec tant de conscience et d'exactitude que les revues positivistes elles-mêmes lui ont rendu hommage. Son livre est un véritable « Précis » de la vie et de la doctrine de Comte, et en l'écrivant, il a rendu service à tous ceux qui veulent connaître à fond le Positivisme. Viennent maintenant les apologistes du catholicisme. L'ennemi est découvert et déjà il laisse voir les points faibles par lesquels la doctrine athée succombera.

Cette doctrine d'ailleurs n'est pas seulement à combattre. Elle est aussi à exploiter. « Il y a une âme de vérité dans les choses fausses, » a dit Herbert Spencer, et dans cette synthèse des connaissances humaines tentée par Comte et qui n'est pas sans grandeur, il y a plus d'un point de vue utile, d'une observation exacte et profonde, d'une considération juste. Il peut paraître surprenant de le dire, mais plus avantageux encore de le constater, Aug. Comte est l'auteur d'une des plus solides apologies de l'ordre social chrétien au Moyen-Age.

Le P. Gruber a eu la bonne fortune d'avoir un traducteur dont l'œuvre a mérité ce bel éloge de M. Ollé-Laprune : « La traduction française est due à un homme de talent, l'abbé Mazoyer, du clergé de Paris. Elle est exacte, et le P. Gruber, qui sait notre langue, l'a revue lui-même. Elle a une allure bien française, une heureuse justesse, et cette simplicité élégante qui convient à un ouvrage sévère, mais destiné à être lu de quiconque s'intéresse aux choses de l'intelligence. »

LE POSITIVISME

Depuis Comte jusqu'à nos Jours

Par le **R. P. GRUBER**, de la Compagnie de Jésus

Traduit de l'allemand par l'abbé Ph. MAZOYER
du clergé de Paris

In-12... .... **3.50**

Le livre du P. Gruber sur *le Positivisme depuis Comte jusqu'à nos jours* est le complément pour ainsi dire nécessaire de son précédent ouvrage sur Comte, qui a obtenu un succès si vif, non seulement chez les catholiques et les spiritualistes, mais jusque dans le camp du positivisme. Il n'y a eu qu'une voix sur la richesse et la sûreté d'information, sur la vigueur et l'exactitude d'analyse qui caractérisaient ce maître livre, vrai modèle de monographie philosophique. On trouvera les mêmes qualités dans le présent volume, avec un sujet plus vaste et une masse compacte de faits plus « actuels ».— La première partie, la plus accomplie, ce me semble, étudie « le positivisme dans les écoles qui se rattachent à Aug. Comte, » en trois chapitres, qui sont autant de mémoires à la fois historiques et doctrinaux, d'une fermeté magistrale et d'un intérêt piquant. Il était difficile, on en conviendra, de faire tenir en un peu plus de deux cents pages ces trois tableaux achevés : 1º le positivisme dissident, ou Littré dans

sa vie et dans son œuvre, avec les causes soit personnelles,
soit extérieures, de son succès ; 2° le positivisme orthodoxe,
ou la doctrine et l'action de M. Pierre Laffitte, avec l'histoire
morale, religieuse et politique de son groupe ; 3° le positivisme orthodoxe à l'étranger : Angleterre, Suède, Brésil et
Chili, etc. Ici surtout se pressent les plus curieux renseigne-
ments, tout à fait neufs pour les profanes, et cependant très
significatifs pour l'intelligence de l'état intellectuel, et plus
encore peut-être de l'état moral et social du monde moderne.
— Dans une deuxième partie, encore plus riche de faits et d'a-
nalyses philosophiques, le savant jésuite étudie « le mouvement positiviste en dehors des écoles qui se rattachent immédiatement à Aug. Comte, » et cette étude comprend la philosophie d'abord (c'est le premier chapitre, qui vaut un juste
volume), ensuite les applications du positivisme au droit, aux
sciences sociales, à la science des religions, et à l'enseignement. Ce second chapitre, qui achève de montrer dans l'auteur de tant d'analyses métaphysiques à la fois, claires et sub-
tiles, un esprit encore plus attentif à la vie et aux choses prati-
ques, se recommande surtout aux hommes soucieux des questions sociales. On peut leur assurer que ces pages si rapides
leur réservent pourtant plus d'une indication précieuse. Mais
c'est dans le chapitre précédent (pp. 225-272) que se développent, que se serrent plutôt, les études les plus variées et les
plus intéressantes pour l'histoire de la philosophie contemporaine : l'évolution du positivisme anglais, J. Stuart Mill,
H. Spencer (deux notices détaillées) et leurs successeurs jusqu'à Romanes, Huxley et Tyndall ; en France, Taine, Th. Ribot et les psycho-physiologistes, puis les monistes Roberty,

3

A. Fouillée, Guyau; en Allemagne, le mouvement si curieux qui part de Kant autant et plus que de Comte et qui,
d'Eug. Dutring, aboutit par les néo-kantistes positivistes à
Wundt (très bien étudié en quinze pages); en Italie, quatre
noms peu connus de ce côté des Alpes, mais assez marquants
au delà : Siciliani, Ardigo, Angiulli, de Dominicis; dans l'A-
mérique du Nord, toute une école d'agnostiques, etc., etc.
Assurément, chacune des figures de cette longue galerie positiviste n'obtient pas les honneurs d'un portrait en pied;
pour la plupart, une esquisse, un léger croquis, c'était tout
ce que permettait le cadre un peu étroit d'un seul volume;
mais il me semble que le trait même le plus sommaire est
habituellement aussi juste que précis, que même les doctrines à peine indiquées sont touchées au point vital. Ce n'est
pas à dire que le P. Gruber ait pu donner une idée adéquate
de toutes les œuvres, surtout de celles qui intéressent la
science autant ou plus que la philosophie, celles, par exemple, de Maudsley ou de J. Sully. Il me semble aussi qu'il aurait dû accorder au moins une mention à des noms italiens
comme ceux de Gabelli, vrai initiateur, et de Villari, adepte
éminent du positivisme. Mais ce sont là des questions de
mesure et de détail; les grandes masses et les figures do-
minantes n'offrent guère prise à la critique. Peut-être cependant ce volume, égal ou supérieur en mérite au précédent, recevra-t-il moins d'accueil chez nos adversaires. Ce
n'est pas que la polémique y tienne plus de place (elle est
toujours réduite au strict nécessaire); mais avec les théories
des sectaires, le P. Gruber révèle soigneusement leurs me-
nées politiques, et le tableau n'est pas toujours flatteur pour
eux; mais qu'il est instructif pour nous !   (*Polybiblion.*)

FRANÇOIS BACON

Par **M. Georges-L. FONSEGRIVE**

Agrégé de Philosophie
Professeur au Lycée Buffon.

Fort volume in-12, orné d'un portrait......... **3.50**

Le livre de M. Fonsegrive sur *François Bacon* est tout
à fait digne, et de ce sujet très important, parce qu'il est
encore très controversé, et du talent philosophique et littéraire de l'éminent professeur. En le regardant superficiel-
lement, en le comparant à vue de pays avec telle autre œuvre plus étendue sur le philosophe anglais, on pourrait le
prendre pour une simple esquisse, dépourvue de recherches
à même les textes et de vues originales. Ce serait précisément l'opposé de la vérité ; malgré son apparence élégante
et sa rédaction peu chargée de citations et de notes détaillées,
c'est au contraire dans ce livre qu'il faut chercher l'examen
le plus serré, l'interprétation la plus pénétrante, le jugement
le plus net de l'œuvre si complexe, si variée, si touffue du
célèbre chancelier. — Sa vie n'est que résumée en peu de
pages et appréciée en quelques mots, où domine la sévérité
de la conscience chrétienne ; de sorte que la plus grande
partie de l'*Introduction* reste employée à déterminer l'idée

directrice de l'œuvre de Bacon. Cette détermination révèle déjà pleinement la largeur et la profondeur de vue du critique : en établissant le but essentiellement utilitaire du penseur anglais, qui s'est flatté d'être le premier à suivre la bonne voie au rebours de toute la philosophie du passé, il nous prépare à bien comprendre soit la partie polémique, soit la partie systématique de l'œuvre baconienne. Ce double objet défraie les deux premiers livres de cette monographie ; un troisième est réservé à l'influence de Bacon. — Le premier livre est peut-être le plus attachant et le plus facile à lire ; il n'est pas le moins instructif. On suit avec une curiosité toujours satisfaite les jugements du novateur anglais sur les premiers philosophes grecs, qu'il préfère à tous les autres ; sur Socrate et ses grands successeurs, qui lui paraissent des sophistes ; sur la science antique et médiévale, qu'il condamne sans examen et sans justice. On remarquera tout particulièrement les pages où le critique montre, à l'encontre de son auteur, le curieux développement de la pensée et même de la science (pp. 95-120) dans les siècles du moyen âge ; peut-être n'aurait-il pas dû omettre la chimie de ce temps, révélée par les recherches récentes de M. Berthelot. — Le « système » de Bacon embrasse : 1° une classification des sciences, acceptable, mais seulement dans les vues trop étroites du philosophe sur le but du savoir ; 2° une méthode laborieuse et compliquée, qui est pourtant son meilleur titre, et qui a pu exciter les chercheurs encore plus que les aider; 3° une métaphysique qui est loin de former un ensemble complet et lié, qui n'en est pas moins, en dépit de croyances chrétiennes probablement très sincères, le prodrome d'un naturalisme athée; 4° une œuvre scientifique ou plutôt un fouillis pseudo-scientifique, qui justifie à peu près les plus grandes sévérités de J. de Maistre et de Liebig; 5° une morale des plus « laïques », vrai antécédent de ce qu'il y a de pire dans ce qu'on nomme esprit moderne. J'indique très incomplètement les conclusions du critique; il faut lire et relire en entier le second livre pour en comprendre à plein le bien fondé. — Le dernier livre captivera peut-être encore davantage, par sa richesse historique, les lecteurs sérieux. Après avoir esquissé en traits rapides, mais bien exacts et bien saisissants, un tableau de la fortune si étrangement variée de Bacon dans l'estime des générations lettrées, *De varia Verulamii fortuna*, M. Fonsegrive s'applique et réussit à marquer avec la même précision la part d'influence de Bacon dans le développement scientifique, dans la philosophie et dans la morale. On pressent des résultats plutôt fâcheux que favorables pour la gloire de Bacon. Mais, en face du déchet légitime de cette réputation si longtemps surfaite, on constatera le soin du nouveau critique à ne rien lui enlever de ce qui lui revient dans l'évolution de la civilisation moderne. Même dans le domaine scientifique, le fantasque contemporain du grand Galilée a bien servi la physique par ses théories de la chaleur et du son; en méthode, il est un des ancêtres légitimes de l'associationisme anglais et de la logique expérimentale des écoles contemporaines; encore y a-t-il eu là excitation plutôt qu'enseignement doctrinal bien positif. En morale, l'influence de Bacon est assurément dominante au xviiie siècle et au-delà, surtout par ces caractères qui ne sont pas tous, il est vrai, les plus louables et les plus rassurants de notre civilisation : « Relégation de la théologie hors des limites de la raison, d'où résultent les inévitables conflits de la science et de la religion, négation de toute autorité et croyance au progrès, indépendance de la morale, et enfin subordination de la contemplation à l'action, de la science à des fins utiles. » Le livre se termine par l'indication consolante de quelques symptômes qui permettent d'espérer un retour à des idées plus nobles, correctif des tendances trop matériellement utilitaires de Bacon et de sa descendance morale. En somme, le savant professeur a fait œuvre à la fois d'analyste exact, de critique délié, de métaphysicien ferme, d'honnête homme et de chrétien, dans cette excellente monographie. Puisse-t-il avoir la pensée et le loisir de consacrer des travaux du même genre à d'autres « maîtres de la pensés moderne » qui n'ont encore obtenu que des études plus ou moins suspectes à quelque égard : par exemple Descartes, Spinoza, Kant, Herbert Spencer !   (*Polybiblion*)

LA DÉMONSTRATION

PHILOSOPHIQUE

Par l'abbé **Jules MARTIN**

In-12 . . . . **3.50**

I. — La Démonstration philosophique.

II. — La Métaphysique et la Science.

III. — L'Illusion des philosophes.

IV. — Efficacité de la Démonstration philosophique.

La seule ressource d'un philosophe, c'est d'être lui-même :
et le seul résultat qu'il puisse toujours obtenir, c'est de faire
sentir sa force intellectuelle. Il est bon, sans doute, de vouloir un résultat plus complet ; mais ce résultat, qui consisterait à faire pénétrer la vérité dans les intelligences, ne
dépend d'aucun moyen assuré. Il y aurait encore moins de
chimère à prétendre se procurer le génie supérieur d'un
saint Augustin qu'à chercher avec insistance le moyen toujours efficace pour convaincre. On désire propager la vérité :
il faut, dans ce dessein, travailler à la concevoir fortement ;
on arrive ainsi à parler d'après soi-même. Or, le philosophe
qui a quelque chose à dire réussit infailliblement à se faire
écouter ; et parmi ceux qui l'écoutent, beaucoup pourront le
croire. Il n'y a, au total, d'effort vraiment inutile que l'effort
des faibles.

LA PHILOSOPHIE

DE

M. BALFOUR

Par **J. REY**

In-12°.. 2.50

En Angleterre, les hommes d'État sont aussi théologiens, les ministres donnent leur avis dans les querelles dogmatiques, les leaders parlementaires spéculent sur les plus hautes questions de métaphysique. Est-ce un bien ? Est-ce un mal ? Peu importe. Le livre que nous annonçons est destiné à faire connaître et à juger la philosophie et en particulier le livre sur *les fondements de la croyance* de M. Balfour, le propre neveu de lord Salisbury et le leader ministériel dans la chambre des communes. Il faut dire que ce livre a fait un bruit immense en Angleterre, peut-être parce qu'il favorise cet esprit d'hésitation, d'indécision, de doute, qui y est aujourd'hui si répandu. Il est remarquable par le charme du style, par la richesse de l'humeur, par l'esprit courtois dont il ne se départ jamais ; mais ce qui le caractérise surtout c'est l'esprit de négation qui dès l'abord ne se trahit pas, commence cependant à se manifester dès le troisième chapitre, et aboutit au *fidéisme a priori*, expression polie que les théologiens courtois substituent à celle du *scepticisme*. Cet esprit est combattu chez M. Balfour par un autre esprit, un esprit de foi qui veut rester chrétien, au moins d'intention. Or il faut bien choisir entre les deux ; mais M. Balfour ne peut le faire ; s'il se déclare chrétien, il ne peut le faire que par sa conscience et contrairement à sa logique ; car dans tout son livre il affirme que l'intelligence ne peut rien savoir, puisqu'il n'admet aucun principe rationnel, aucune base de la certitude, de même que la volonté ne peut rien choisir, puisque rien n'a en soi de quoi expliquer et motiver ce choix. Il nous faudrait donc être, au nom de la science, incrédules, ou, au nom de la croyance, voués à la superstition. En un mot, c'est le scepticisme qui renaît, déguisé sous le voile d'une foi hypocrite. Ce livre de M. Balfour méritait donc d'être signalé aux vrais chrétiens, à cause des réels dangers que sa lecture inconsidérée peut faire naître. C'est un vrai service que nous rend M. J. Rey, qui, dans sa critique, fait preuve d'un jugement sûr et d'un esprit philosophique remarquable.

(Vraie France.)

HISTOIRE

DE LA

PHILOSOPHIE

Par S. E. le Card. Z. GONZALEZ, des Frères Prêcheurs
Archevêque de Séville.
Traduite de l'espagnol avec autorisation de l'auteur et accompagnée de notes.
Par le **R. P. DE PASCAL**, miss. apost., docteur en théologie.

4 beaux volumes in-8° carré.............. **24.00**

Les mêmes, en reliure toile, tr. rouges....... **30.00**

Le Cardinal Gonzalez jouit en Espagne, le pays théologique par excellence, de la réputation d'un savant de premier ordre. Il a été pour l'Espagne ce qu'ont été pour l'Italie le P. Liberatore, le cardinal Zigliara, le chanoine Sansévérino. Nul n'a travaillé plus efficacement que lui, à la restauration de la philosophie traditionnelle. *Ses études sur la philosophie de S. Thomas,* ses deux cours de philosophie en latin et en espagnol, comptent de nombreuses éditions, et sont devenus classiques. Nous avons pensé faire chose utile en publiant son *Histoire de la Philosophie,* œuvre à la fois très savante, très lumineuse et très au courant de toutes les formes de la pensée contemporaine. L'étendue de ce travail est suffisante pour donner aux questions traitées toute l'ampleur désirable, et d'un autre côté elle ne dépasse pas les bornes d'un livre à la portée de tous.

Le traducteur, le P. de Pascal, qui a lui-même enseigné pendant longtemps la Philosophie et la Théologie, était parfaitement compétent pour faire passer dans notre langue la pensée de l'éminent auteur. Il a, en outre, ajouté, particulièrement dans le quatrième volume, en ce qui touche la philosophie française contemporaine, des notes très substantielles. Nous avons la confiance que cet ouvrage sera bien accueilli par tous ceux qui ont le goût des études philosophiques sérieuses.

La science scolastique n'a pas encore produit en Espagne de monument plus beau, plus complet, d'étude plus profonde, plus modérée, plus fidèle en même temps à la pensée chrétienne, que l'*Histoire de la Philosophie* de S. Em. le cardinal Gonzalez, archevêque de Séville. Jusqu'ici la plupart des *Histoires de la Philosophie* négligeaient les écoles du moyen âge : il était entendu qu'une période de ténèbres s'étendait de l'invasion des barbares à la Renaissance, et l'on jugeait inutile de s'arrêter à ces argumentateurs qui répétaient sans discernement des textes mal compris d'Aristote. Le cardinal Gonzalez consacre tout un volume à l'histoire de la Philosophie scolastique : il montre la largeur de vues de nos grands docteurs du XIII° siècle, la liberté de leur pensée, leur souci même de l'exactitude des textes. Mais son amour pour cette grande Philosophie ne l'aveugle pas : jamais il ne dégénère en une admiration servile. Pour lui la Philosophie de saint Thomas est tout simplement le plus haut point où l'esprit humain soit parvenu, eu égard aux ressources dont disposait le moyen âge.

Cette *Histoire* a le grand mérite d'être suffisamment complète, de mettre parfaitement au courant du mouvement de la pensée humaine dans la suite des siècles, et de ne point se perdre en d'érudites et interminables dissertations, fastidieuses pour la généralité des lecteurs. C'est une œuvre d'une science de bon aloi qui sait se borner, claire, bien ordonnée, à la fois traditionnelle et moderne dans le bon sens du mot. L'auteur n'ignore aucun des travaux de la critique contemporaine, il les a tous consultés et mis à profit; mais en même temps il a mis sur son travail une empreinte très personnelle. Nous avons la confiance que ce livre sera favorablement accueilli par tous ceux — et ils sont nombreux encore — qui prennent quelque intérêt aux études philosophiques. La connaissance de l'histoire de la philosophie est le complément nécessaire de toute instruction sérieuse.

P. LETHIELLEUX, Éditeur, 10, rue Cassette, PARIS 43

LES PENSÉES

DE

PASCAL

REPRODUITES D'APRÈS LE TEXTE AUTOGRAPHE

DISPOSÉES SELON LE PLAN PRIMITIF ET SUIVIES DES OPUSCULES

ÉDITION PHILOSOPHIQUE ET CRITIQUE

ENRICHIE DE NOTES ET PRÉCÉDÉE D'UN

ESSAI SUR L'APOLOGÉTIQUE DE PASCAL

PAR

A. GUTHLIN

Ancien vicaire général et chanoine d'Orléans

Fort volume in-12º (CXCV-508 pp.).......... **4.00**

AVERTISSEMENT DES ÉDITEURS

La publication d'une nouvelle édition des *Pensées* de Pascal se justifie d'elle-même.

« Chaque époque, écrivait Sainte-Beuve, va refaisant une édition à son usage. Ce sont les aspects et comme les perspectives du même homme qui changent en s'éloignant. Il ne me paraît pas du tout certain que l'édition actuelle (*Faugère*), que nous proclamons la meilleure, soit la définitive. On a un bon texte, c'est l'essentiel; mais il y aurait bien à tailler

LES PENSÉES DE PASCAL (*Suite*).

et à rejeter pour que la lecture redevînt un peu suivie, et je dirai même supportable (1). »

Ces réflexions, nous les faisions nous-même, en recueillant dans l'héritage littéraire d'un prêtre vénérable, le manuscrit qu'après bien des hésitations nous avons entrepris de publier.

Plus que tout autre, peut-être, M. l'Abbé A. Guthlin, attaché à la personne de l'illustre évêque d'Orléans en qualité de grand-vicaire, était pénétré de l'importance que présentent, au point de vue de l'apologie de la foi chrétienne, les admirables fragments de Pascal.

Mais, de toutes les éditions existantes des *Pensées*, aucune ne lui paraissait satisfaisante.

Ou bien la disposition des matières lui semblait défectueuse; ou bien les plus belles pensées étaient à son avis, comme noyées et perdues au milieu de fragments incomplets, d'un intérêt purement archéologique; ou bien enfin, les notes et commentaires qui accompagnaient le texte, loin d'en faire ressortir la force et la beauté, n'avaient d'autre résultat que d'affaiblir la valeur des arguments qu'ils avaient la prétention de combattre ou de redresser.

Il entreprit donc de recomposer le volume des *Pensées* d'après un ordre méthodique qui rappelât, d'aussi près que possible, le plan primitivement conçu par Pascal.

Un semblable travail était depuis longtemps dans les vœux des meilleurs esprits. « Pascal, écrivait le P. Lacordaire à « un de ses amis, est illisible dans M. Faugère, et cependant « tout ce qui ne sera pas corrigé sur son texte, devenu le « texte authentique, ne sera plus lisible non plus. Il faut « absolument, dans une préface étendue et forte, apprécier « Pascal comme philosophe catholique, puis établir son texte « dans sa suite logique et dans toute sa pureté... Ensuite il « serait bien essentiel de déterminer la part que les opinions « jansénistes ont eue dans les *Pensées*; là est le nœud que pré- « sente le texte, plutôt que dans une sorte de scepticisme

----

(1) *Port-Royal* (3e édition), t. III, p. 388.

LES PENSÉES DE PASCAL (*Suite*).

« philosophique... Il nous faut une édition avec une préface
« profonde et des notes lumineuses (1). »

Faire ressortir le point de vue apologétique ; saisir la pensée fondamentale de Pascal et diviser son œuvre suivant cette
pensée ; établir avec force et clarté l'enchaînement logique
des idées, et marquer cet enchaînement dans la distribution
et les titres des chapitres ; disposer, dans chaque chapitre,
la série des pensées de manière à saisir fortement l'esprit
du lecteur ; débarrasser les pensées vraiment éloquentes du
bagage incommode de ces textes fragmentaires, de ces phrases obscures et inachevées qui n'offrent qu'un intérêt de curiosité et ne peuvent qu'affaiblir l'idée de l'écrivain ; ne mettre, dans les notes, que ce qui peut expliquer le sens de
l'auteur et non l'altérer ou le détruire ; se borner du reste
aux notes les plus indispensables, sauf à placer dans l'Introduction ce qui devra donner ou compléter l'intelligence
de l'œuvre ; tel était, d'après M. Guthlin, le programme à
remplir.

Ce programme, il essaya de le réaliser et soumit son plan
à Mgr Dupanloup, qui le trouva parfait.

« Avec le style de fer de Pascal, lui écrivait l'illustre pré-
lat, cela fera un ouvrage magnifique. »

Esprit philosophique de puissante envergure, connu déjà
par de remarquables travaux sur les doctrines positives et
matérialistes de notre temps, M. A. Guthlin allait mettre la
dernière main à son œuvre, lorsque la mort l'enleva inopinément à la science chrétienne.

Les confidents de son travail hésitèrent longtemps avant
de livrer ce livre au public. Cédant à des conseils autorisés,
des mains amies puisèrent facilement, dans les papiers du
défunt, les quelques éléments encore nécessaires au dernier
achèvement de l'œuvre. C'est ainsi que celle-ci paraît à
l'heure où l'attention des critiques s'est de nouveau repor-
tée sur Pascal.

On a eu beau répéter, en effet, d'un certain côté, que le
livre des *Pensées* avait définitivement vieilli. Le génie a le

(1) *Lettres du H. Lacordaire à M. Foisset.* Paris, 1886, t. II, pp.
100-102. Lettres des 10 et 29 mars 1849.

LES PENSÉES DE PASCAL (*Suite*).

privilège de conserver le don d'immortelle jeunesse : cela est vrai surtout lorsqu'il touche, comme Pascal, aux éternels problèmes de l'intelligence et de l'âme humaine. Et jamais peut-être, cette impression ne s'est imposée plus vivement que de nos jours, où tant de généreux esprits, écœurés du vide matérialiste, fatigués des hésitations sceptiques, désabusés de l'illusion que la science puisse jamais supprimer le besoin et le problème religieux, « tendent à connaître où est le vrai bien et le suivre ». Pour ceux-là les *Pensées* seront encore et toujours un livre de prédilection.

La forme sous laquelle nous le leur présentons contribuera, nous en avons la confiance, à faire mieux comprendre et goûter Pascal.

Le texte de notre édition est celui qui résulte des travaux faits par M. Faugère et ses continuateurs sur les manuscrits autographes. On peut regretter, il est vrai, que l'œuvre du penseur apparaisse ainsi imparfaite et incorrecte au point de vue de la grammaire et du style. Ce n'est pas nous qui blâmerons les éditeurs du Port-Royal d'avoir voulu faire subir un complément de toilette littéraire à ces phrases inachevées et irrégulières qui, très certainement, n'auraient jamais affronté telles quelles la « mise en public ». Mais notre temps a d'autres exigences que le xviie siècle, et puisque le texte de ces notes dépareillées nous est connu, l'on ne saurait hésiter à le reproduire.

Le désordre dans lequel furent collés, les uns à la suite des autres, les bouts de papiers, sur lesquels Pascal jetait ses réflexions, est si évident qu'on ne saurait y trouver de données pour dégager ce qui était le plan primitif du penseur. Aussi tous les éditeurs se sont-ils réservé pleine liberté dans l'ordonnance des divers fragments. M. Guthlin a pensé que la restitution du plan de Pascal était possible dans une mesure plus parfaite qu'on ne l'a cru communément.

Cherchant son fil conducteur à la fois dans les indications historiques qui nous restent sur la conférence faite par Pascal à Port-Royal, dans l'étude approfondie de l'œuvre même creusée dans tous les replis de sa synthèse si hautement philosophique, il se préoccupe moins d'adapter les plus mi-

LES PENSÉES DE PASCAL (*Suite*)

nimes fragments au cadre habituel des traités de l'apologétique classique, que de pénétrer, et mettre en tout son relief la trame intime de la *Pensée* de l'austère philosophe. A cette lumière, la plupart des *pensées* détachées trouvent aisément leur place, et si l'on peut toujours discuter sur la disposition de tel fragment cela importe assez peu. Il en est même qui sont trop incomplets et trop obscurs pour être classés avec quelque vraisemblance; d'autres ne se rapportent pas à l'œuvre apologétique, ou du moins n'étaient pas destinés à y être reproduits. Pour que notre édition n'en fût pas moins complète, ceux là ont été réunis, selon l'avis déjà formulé par M. Cousin, à la fin du recueil, où ils conservent leur intérêt bibliographique, sans obscurcir l'enchaînement logique des idées maîtresses et fondamentales.

Il est difficile de lire Pascal dans son texte primitif sans le secours de quelques notes; car plus d'une fois la brusquerie, le décousu apparent, le tour original ou elliptique de ses expressions déroutent l'esprit. Mais tout en plaçant au bas des pages un certain nombre de remarques et d'éclaircissements nécessaires, M. Guthlin a estimé que le meilleur moyen de faciliter l'intelligence de l'œuvre était de la faire précéder d'une *Introduction* qui fût une véritable étude sur Pascal philosophe et apologiste.

Dans cet *Essai* préliminaire le plan et la méthode du livre des *Pensées*, ses rapports avec la question du scepticisme et les doctrines jansénistes, l'histoire du livre, son caractère, ses principes et sa valeur apologétiques ont été l'objet d'un travail approfondi et consciencieux, qui sera considéré sans aucun doute comme l'un des principaux mérites de ce livre.

Celui-ci contribuera ainsi, nous l'espérons, à faire apparaître définitivement, dans sa haute et vraie lumière, la *Pensée* du grand solitaire de Port-Royal : pensée dont se dégagent, en somme, et quoi qu'on ait dit, les éléments d'une démonstration puissante du Christianisme.

L'auteur de cette intéressante et compacte édition n'a pas eu la satisfaction de mener à bonne fin l'œuvre qu'il avait entreprise avec l'approbation de Mgr Dupanloup ; la mort

LES PENSÉES DE PASCAL. (*Suite.*)

l'enleva inopinément, alors qu'il allait y mettre la dernière main. Adoptant l'opinion de Sainte-Beuve, qui disait que « chaque époque va refaisant à son usage une édition des *Pensées* de Pascal », le vénérable abbé A. Guthlin (connu par des travaux philosophiques) avait voulu recomposer le volume d'après un ordre méthodique qui rappelât d'aussi près que possible le plan primitivement conçu par Pascal. Dans le même esprit, il n'admit point d'autre texte que celui qui résulte des travaux faits par M. Faugère et ses continuateurs sur les manuscrits autographes, texte éclairci d'ailleurs au moyen de notes sobrement rédigées. Ce qui constitue toutefois la partie maîtresse de cette utile réimpression, c'est l'*Essai* préliminaire qui sert d'introduction à tout l'ouvrage. Dans ces 200 pages, M. l'abbé A. Guthlin a consciencieusement et savamment exposé le plan et la méthode du Livre des *Pensées*, ses rapports avec la question du scepticisme et les doctrines jansénistes, l'histoire du livre, son caractère, ses principes et sa valeur apologétique. On ne saurait, malheureusement, insister présentement davantage sur les mérites de ce travail et de cette édition nouvelle qui constituent, dans leur ensemble, une œuvre considérable et utile.

F. D.

(*JOURNAL DES DÉBATS, 22 juin 1896.*)

9 782013 579810